汽车整车性能试验

主　编　刘树伟　张忠洋
参　编　郑利民　高伟江　谢佳茵　王冬梅
主　审　王靖岳

北京理工大学出版社
BEIJING INSTITUTE OF TECHNOLOGY PRESS

内 容 简 介

本书以汽车各性能基本理论为基础，以国家标准为依据，全面阐述了汽车整车各大性能试验方法。全书共八章，主要包括绪论、汽车动力性、汽车燃油经济性、汽车排放污染物、汽车制动性、汽车操纵稳定性、汽车行驶平顺性和汽车通过性。

本书内容全面、丰富、实用性强，主要供高等院校车辆工程、汽车服务工程、交通运输等专业的师生从事整车性能实验、相关实习和实训使用，也可供从事汽车技术、汽车服务的技术人员参考。

版权专有 侵权必究

图书在版编目（CIP）数据

汽车整车性能试验 / 刘树伟，张忠洋主编. -- 北京：
北京理工大学出版社，2025.1.
ISBN 978-7-5763-4720-3

Ⅰ. U472.9

中国国家版本馆 CIP 数据核字第 202546N4W9 号

责任编辑：王梦春　　　文案编辑：魏　笑
责任校对：刘亚男　　　责任印制：李志强

出版发行 / 北京理工大学出版社有限责任公司

社　　址 / 北京市丰台区四合庄路 6 号

邮　　编 / 100070

电　　话 / (010) 68914026（教材售后服务热线）
　　　　　 (010) 63726648（课件资源服务热线）

网　　址 / http://www.bitpress.com.cn

版 印 次 / 2025 年 1 月第 1 版第 1 次印刷

印　　刷 / 北京广达印刷有限公司

开　　本 / 787 mm×1092 mm　1/16

印　　张 / 10.5

字　　数 / 247 千字

定　　价 / 69.00 元

图书出现印装质量问题，请拨打售后服务热线，负责调换

前　言

　　汽车整车性能试验是在汽车生产设计、使用、维护和修理中对汽车的技术状况进行测试和检验的一门技术。它确保了汽车的安全性和可靠性，提供了关于燃油经济性、驾驶体验和法规合规性的重要信息，不仅有助于汽车制造商提供高质量的产品、降低维修成本，还有助于消费者能选择符合其需求的、安全节能并高性能的汽车，同时推动整个汽车行业的可持续发展。汽车整车性能试验是指汽车在不解体条件下进行的使用性能试验，主要包括动力性试验、燃料经济性试验、排放污染物试验、制动性试验、操纵稳定性试验、行驶平顺性试验、通过性试验等。近些年来，电子控制技术、人工智能的发展，汽车使用者对汽车性能要求的提高，日益严苛的环境保护对汽车节能、减排改进需求，迫使汽车的各大性能的检验不断发展。在培养汽车技术人才的高等教育领域，汽车整车性能试验方面的教材并不是很多，而且，汽车技术的进步、检测技术的不断发展，在根本上要求汽车整车性能试验技术与之同步发展，编写一部能够紧跟汽车技术发展的整车性能试验教材，对于现阶段汽车相关专业学生的培养至关重要。

　　本书从确保汽车在各个方面的性能、安全性和质量达到标准和法规要求为出发点，在分析论述汽车各大性能基本理论基础上，对汽车各性能进行试验研究。全书共8章：第一章概述了汽车检测内容与试验分类；第二章在分析动力性基本理论基础上对汽车动力性的路试与台试方法进行了研究；第三章在研究汽车燃油经济性的评价指标和影响因素基础上，对汽车燃油经济性的试验方法进行了研究；第四章主要论述汽油车、柴油车排放污染物的检测基本理论和检测方法；第五章主要论述制动性基础知识、制动性能的台试和路试检测方法；第六章在研究操纵稳定性基本理论基础上，对车轮动平衡、四轮定位、前轮侧滑量等影响汽车操纵稳定性的主要方面进行了测试研究；第七章在汽车行驶平顺性基本理论分析基础上进行了悬架装置测试方法研究；第八章主要进行了汽车通过性中的几何通过性的基本理论和测定方法研究。

　　本书由刘树伟、张忠洋主编，沈阳理工大学王靖岳主审，参加编写工作的有郑利民、高伟江、谢佳茵、王冬梅等人。

　　本书是辽宁工业大学的立项教材，并由辽宁工业大学资助出版。

　　由于编者学识有限，且汽车性能、汽车检测技术不断改进与提高，书中疏漏之处在所难免，敬请广大读者批评指正，谢谢！

编　者

目 录

第一章
绪 论

第一节 概述

随着现代社会的不断进步,汽车已成为人类不可或缺的交通工具。然而,随着汽车数量的急剧增加,道路交通安全以及汽车排放与噪声引起的环境污染问题已引起人们的广泛关注。影响交通安全的原因是多方面的,其中由于汽车技术状况变坏而引发的道路交通事故要占相当的比例,而汽车排放与噪声造成的环境污染亦与汽车技术状况(如发动机技术状况、整车装配质量等)不佳有直接关系。减少汽车对人类社会环境的危害,保持车辆良好的技术状况一直是汽车生产企业和汽车使用部门共同追求的目标,也是促进汽车工程领域技术进步的不竭动力。

汽车技术状况是定量测得的表征某一时刻汽车外观和性能的参数值总和。评价汽车使用性能的物理量和化学量称为汽车技术状况参数。汽车检测技术基于研究汽车技术状况变化规律,采用先进的仪器设备与技术,在汽车不解体的条件下,通过检测汽车技术状况参数,迅速准确地反映整车技术性能及各系统总成的技术状况,以便掌握它们的变化规律,发现并及时排除故障,保持或恢复其良好的技术状况和使用性能。

因此,基于检测技术对汽车整车进行各性能试验,掌握整车的各大性能状况,通过预防维护或维修改进汽车技术状况,对于交通安全与人类社会环境改善具有重要意义。

第二节 汽车检测内容与试验分类

一、汽车检测内容

汽车检测内容以汽车安全环保和综合性能检测为重点,具体内容包括以下3个方面。

1. 汽车主要技术参数检测

汽车主要技术参数是指涉及汽车行驶安全的有关整车(结构、质量、通过性、稳定性)技术参数、主要总成(包括发动机、转向系统、行驶系统等)技术参数、照明及信号装置技术参数等。通过检测这些参数能从总体上反映整车及主要总成的技术状况,从而判定汽车的安全性和可靠性。

2. 汽车主要技术性能检测

汽车主要技术性能包括动力性、燃油经济性、制动性、操纵稳定性、行驶平顺性和通过性等。通过检测可反映出汽车技术性能的有关参数，进而评价和判定汽车各项技术性能的优劣。

3. 汽车排放、噪声检测

随着汽车保有量的迅速增加，汽车发动机排出的污染物已成为威胁人类生存的公害之一，并引起人们的高度重视，各国都相继采取强制措施限制汽车污染物的排放。通过对汽车排放相关参数的检测，定量判断汽车排放是否超过标准规定的限值。汽车噪声也是公害之一，由于目前汽车降噪技术的提高，汽车定置噪声、客车车内噪声和汽车驾驶员耳旁噪声等方面的噪声检测项目已取消。

二、汽车试验分类

由汽车检测内容可知，汽车需要进行的试验之多、试验规模之大是其他学科领域所罕见的。正因为如此，对汽车试验进行准确的分类比较困难，在此仅介绍 3 种常见的分类方法。

1. 按试验特征分类

汽车试验按试验特征的不同，可分为室内台架试验(简称台试)、汽车试验场试验和室外道路试验(简称路试)3 种。

1)室内台架试验

室内台架试验的特点是不受环境的影响，试验效率高，且可 24 h 不停地进行试验。因此，室内台架试验特别适用于汽车的性能对比试验、可靠性试验、耐久性试验。室内台架试验不仅适用于汽车的总成部件，也适用于汽车整车。图 1-1 和图 1-2 分别是汽车整车和发动机的室内台架试验。

图 1-1　汽车整车的室内台架试验

图 1-2　汽车发动机的室内台架试验

2)汽车试验场试验

汽车试验场试验越来越受到汽车界的重视，其原因是汽车试验场上可以设置各种不同的路面，如扭曲路面、坑洼路、搓板路面、高速环道、汽车性能试验专用跑道等，如图 1-3 和图 1-4 所示。在汽车试验场上可不受道路交通的影响完成汽车各项性能试验，尤其是汽车的可靠性试验、耐久性试验及环境适应性试验，而且由于在汽车试验场上可以进行高强化水平的试验，因此可以大大缩短试验周期。

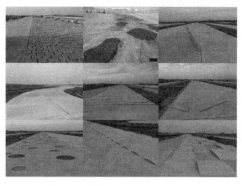

图1-3 我国盐城汽车试验场试验路面

图1-4 长安汽车试验场

3)室外道路试验

汽车产品最终都要交到用户手中,并在不同气候、不同交通状况、不同道路条件下行驶,欲使汽车的各项性能全面满足实际使用要求,就必须到实际的道路上进行考核。

因此,任何一种新开发出来的汽车产品都必须要经历室内台架试验、汽车试验场试验及室外道路试验这一复杂的试验过程。

2. 按试验对象分类

汽车由若干个不同的总成、数万个零部件组成。要想制造出性能优良的整车,就必须确保每一个零部件及各大总成的质量。但是,质量上乘的汽车零部件不等于一定能组装出一辆性能优良的汽车整车。由此可见,不仅汽车整车应进行试验,汽车零部件及各大总成均应进行大量的各类试验。若按试验对象进行分类,则汽车试验可分为整车试验、总成与各大系统试验、零部件试验3类,如图1-5~图1-7所示。

图1-5 汽车整车试验

图1-6 汽车动力总成试验

图1-7 汽车减振器综合性能试验

3. 按试验目的分类

汽车试验按试验目的不同可分为围绕着如何保证汽车产品质量所开展的试验，称为质量检查试验，简称质检试验；以考核新开发的汽车产品是否符合设计要求及考核其是否满足汽车法规规定为目的的试验，称为新产品定型试验；为了推进汽车的技术进步所开展的各项试验，如汽车新产品、新结构、新技术、新材料、新工艺等的验证试验，以及汽车试验新方法的探索性试验，统称为科研试验。其中，科研试验又分为产品研发试验、材料试验、工艺试验和试验研究试验 4 种。

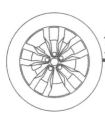

第二章
汽车动力性

第一节 汽车动力性的评价指标

汽车动力性是指汽车在良好路面上直线行驶时，由汽车受到的纵向外力决定的所能达到的平均行驶速度。汽车动力性越好，平均行驶速度越高，汽车的运输效率也越高。

平均行驶速度是评价汽车动力性的总指标，具体的评价指标包括最高车速、加速能力和爬坡能力。

一、最高车速

最高车速是指汽车在良好路面(沥青或混凝土)上所能达到的最高行驶速度。我国相关标准规定试验测定汽车最高车速时，要求达到以下条件：车辆装载质量应为厂定最大装载质量；轮胎冷充气压应符合试验车辆技术条件规定；风速不大于 3 km/h；试验道路应为清洁、干燥、平坦的沥青或混凝土铺装的直线道路等。

二、加速能力

汽车的加速能力是指汽车在各种使用条件下迅速提高行驶速度的能力，通常用加速过程中的加速时间 $t(s)$ 来评定。

汽车加速时间包括原地起步加速时间和超车加速时间。

原地起步加速时间指汽车由低挡起步，并以最大的加速强度逐步换至最高挡，达到某一车速或距离所需的时间。一般用原地起步，车速从 0→100 km/h 所需的时间来表明汽车原地起步加速时间；也有用原地起步，行驶距离从 0→400 m 所需的时间来表明汽车原地起步加速时间。

超车加速时间指用高挡由某一较低车速全力加速至某一较高车速所需的时间。因为超车时与被超车辆并行，容易发生交通事故，所以超车时间短可以缩短并行行程，以提高行驶安全性。超车加速时间一般采用以最高挡或次高挡由 30 km/h 或 40 km/h 全力加速至某一高速(一般为 $80\% \, v_{max}$)所需的时间。此外，还可以用加速过程曲线即车速-时间关系曲线全面反映加速能力。

三、爬坡能力

汽车的爬坡能力用汽车满载时在良好路面上的最大爬坡度 i_{max} 来表示。最大爬坡度 i_{max} 是汽车最大爬坡角度 α_{max} 的正切值，即

$$i_{max} = \tan \alpha_{max} \tag{2-1}$$

显然，汽车的最大爬坡度是指一挡时的最大爬坡度。轿车最高车速大，加速时间短，一般不强调它的爬坡能力，但由于一挡加速能力好，故爬坡能力也强。货车的常用行驶道路条件要求其必须具有足够的爬坡能力，一般为30%（即16.7°左右）。越野汽车要在路况差或无路条件下行驶，故爬坡能力是一个很重要的指标，它的最大爬坡度要求达到60%（即31°左右）。

第二节　汽车的驱动力与行驶阻力

分析汽车的动力性，就是分析汽车沿行驶方向的运动状况，为此需要掌握沿汽车行驶方向作用于汽车的各种外力，即驱动力和行驶阻力。

一、汽车的驱动力

汽车发动机产生的转矩，经传动系统传给驱动轮，使驱动轮对地面产生一圆周力 F_0，地面则对驱动轮产生反作用力 F_t 驱动汽车，如图2-1所示。

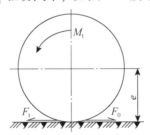

图2-1　汽车驱动轮的受力

F_t 即为汽车的驱动力，与 F_0 大小相等、方向相反，其数值为

$$F_t = \frac{M_t}{r} \tag{2-2}$$

式中　M_t——作用在驱动轮上的转矩（N·m）；

r——驱动轮半径（m）。

作用在驱动轮上的转矩 M_t 是由发动机产生的转矩 M_e 经传动系统传到驱动轮上的，两者的关系为

$$M_t = M_e i_g i_0 \eta_t \tag{2-3}$$

式中　M_e——发动机转矩（N·m）；

i_g——变速器传动比；

i_0——主减速器传动比；

η_t——传动系统的机械效率。

对于装有分动器、轮边减速器、液力传动等装置的汽车，还应考虑相应的传动比和机

械效率。

将式(2-2)代入式(2-3)可得

$$F_t = \frac{M_e i_g i_0 \eta_t}{r} \qquad (2-4)$$

由此可知，汽车驱动力与发动机转矩、传动系统传动比、机械效率成正比，与驱动轮半径成反比。

二、汽车的行驶阻力

汽车行驶中所需要的功率和能量取决于它的行驶阻力。在水平道路上等速行驶时，汽车必须克服地面的滚动阻力 F_f 和空气阻力 F_w；上坡行驶时，汽车还必须克服汽车重力沿坡道方向的分力，称为坡度阻力 F_i；加速行驶时必须克服其惯性力，称为加速阻力 F_j。因此，汽车行驶的总阻力为

$$\sum F = F_f + F_w + F_i + F_j \qquad (2-5)$$

上述各种阻力中，滚动阻力和空气阻力是在任何行驶条件下都存在的，但坡度阻力只在汽车上坡行驶时存在，加速阻力只在汽车加速行驶时存在。

1. 滚动阻力 F_f

车轮滚动时，轮胎与路面的接触区域产生法向、切向的相互作用力，从而产生相应的轮胎和支承路面的变形。轮胎和支承路面相对刚度的不同决定了它们的变形特点也不同。当汽车在硬路面上行驶时，弹性轮胎的变形是主要的，这时轮胎有内部摩擦，产生弹性迟滞损失，使轮胎变形，损耗了一部分能量。

如图 2-2 所示，在加载过程中，载荷 W 与轮胎变形量 δ 的关系为 OCA 曲线，面积 $OCABO$ 则为加载过程对轮胎所做的功。减载过程中，载荷 W 与轮胎变形量 δ 的关系为 ADE 曲线，面积 $EDABE$ 则为减载过程轮胎所释放的能量。两面积之差 $OCADEO$ 即表示轮胎变形引起的能量损失，称为轮胎的弹性迟滞损失。

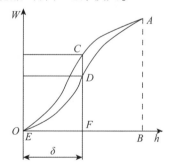

图 2-2 弹性轮胎的径向变形曲线

轮胎的弹性迟滞损失表现为阻碍车轮滚动的一种阻力偶矩。按力学上定义力的概念，滚动阻力不是力，它是指车轮在路面上滚动时，轮胎与路面之间相互作用和相应变形所引起的能量损失。汽车行驶时，滚动阻力可用下式计算。

$$F_f = Gf \qquad (2-6)$$

式中　G——汽车的重力(N)；

　　　f——滚动阻力系数。

滚动阻力系数由试验确定，其数值与道路(路面的种类与状况)、轮胎(结构、材料和气压)及使用条件(行驶车速、径向载荷等)有关。表 2-1 给出了汽车在不同路面以中低速行驶时的滚动阻力系数。

表 2-1　汽车在不同路面以中低速行驶时的滚动阻力系数

路面类型	滚动阻力系数	路面类型	滚动阻力系数
良好的沥青或混凝土路面	0.010~0.018	雨后压紧土面	0.050~0.150
一般的沥青或混凝土路面	0.018~0.020	泥泞土路	0.100~0.250
碎石路面	0.020~0.025	干砂路面	0.100~0.300
良好的卵石路面	0.025~0.030	湿砂路面	0.060~0.150
坑洼的卵石路面	0.030~0.050	结冰路面	0.015~0.030
干燥的压紧土面	0.025~0.035	压紧雪道	0.030~0.050

轮胎的结构、帘线及橡胶品种对滚动阻力系数都有影响。在保证轮胎具有足够的强度和使用寿命的前提下，采用较少的帘布层数、较薄的胎体以及采用较好的轮胎材料均可减少轮胎滚动时的迟滞损失，减小滚动阻力系数。子午线轮胎的滚动阻力系数比一般轮胎的低，且随车速变化相对较小。轮胎的充气压力对滚动阻力系数影响很大。在硬路面上行驶的汽车，降低轮胎气压，轮胎在滚动过程中的变形加大，迟滞损失增加，因而滚动阻力系数增大；在软路面上行驶的汽车，降低轮胎气压可增大轮胎与地面的接触面积，减小土壤变形，因而滚动阻力系数减小。但是，过多地降低轮胎气压，致使轮胎变形过大，由轮胎变形引起的滚动阻力急速增长，亦可导致滚动阻力系数增加。因此，汽车在软路面上行驶时，对于一定的使用条件有最佳轮胎气压值。

行驶车速对滚动阻力系数影响很大。车速在 100 km/h 以下时，滚动阻力系数随车速增加而略有增大，在 100 km/h 以上时增长较快。车速达某一高速(如 200 km/h)时，滚动阻力系数迅速增大，轮胎发生驻波现象。此时，不仅滚动阻力显著增加，轮胎温度也快速上升，容易出现爆破现象，严重威胁行车安全。

2. 空气阻力 F_w

汽车在空气介质中运动，空气介质本身也有运动，这均将对汽车的运动产生阻力。汽车行驶时受到的空气作用力在行驶方向上的分力称为空气阻力。

空气阻力由摩擦阻力和压力阻力两部分组成。摩擦阻力是由具有黏性的空气对车身表面的摩擦作用产生的，压力阻力是作用在汽车外形表面上的法向压力在行驶方向上的分力。

压力阻力又可分为形状阻力、干扰阻力、内循环阻力和诱导阻力 4 个部分。形状阻力是由汽车形状引起的阻力，与车身主体形状有关；干扰阻力是车身表面突起物(如门把手、后视镜、引水槽、驱动轴等)引起的阻力；内循环阻力为发动机冷却系统以及车身通风等所需要的空气在车体内部流动时形成的阻力；诱导阻力是汽车行驶时的空气升力在行驶方向上的分力。

一般在轿车的空气阻力中，形状阻力占 58%，干扰阻力占 14%，内循环阻力占 12%，诱导阻力占 7%，摩擦阻力占 9%。

空气阻力是真实存在的力，汽车在无风条件下匀速行驶时，空气阻力计算公式如下。

$$F_{w} = \frac{C_{D}Av_{a}^{2}}{21.15} \tag{2-7}$$

式中　C_{D}——空气阻力系数；

　　　A——汽车的迎风面积（m^2）；

　　　v_{a}——汽车与空气的相对速度（km/h）。

由式（2-7）可知，空气阻力的大小取决于汽车与空气的相对速度 v_{a}、汽车的迎风面积 A 以及空气阻力系数 C_{D}，A 受汽车运输效率和乘坐空间等的限制，不易进一步减少，因此减少空气阻力的主要方法是降低 C_{D}。

C_{D} 可由道路试验、风洞试验等方法求得。迎风面积 A 是汽车在其纵轴的垂直平面上投影的面积，此面积可直接在投影面上测得，亦常用汽车的轮距与汽车的高度之乘积近似地表示。一般汽车的空气阻力系数和迎风面积如表 2-2 所示。

表 2-2　一般汽车的空气阻力系数和迎风面积

车型	迎风面积/m^2	空气阻力系数
典型轿车	1.7~2.1	0.30~0.41
货车	3~7	0.6~1.0
客车	4~7	0.5~0.8

3. 坡度阻力 F_{i}

汽车上坡行驶时，如图 2-3 所示，汽车重力沿坡道的分力称为汽车的坡度阻力，即

$$F_{i} = G\sin \alpha \tag{2-8}$$

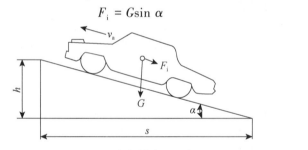

图 2-3　汽车的坡度阻力

当坡度角不大（$\alpha < 15°$）时，$\sin \alpha \approx \tan \alpha = i$，故坡度阻力可近似用 $F_{i} = Gi$ 计算。

由于坡度阻力与滚动阻力都与道路有关，而且都和汽车重力成正比，所以把这两种阻力合在一起称为道路阻力。

4. 加速阻力 F_{j}

汽车加速行驶时，需要克服其质量加速运动的惯性力，就是加速阻力 F_{j}。汽车的质量包括平移质量和旋转质量两部分，加速时平移质量产生惯性力，旋转质量产生惯性力偶矩，为了计算方便，通常把旋转质量的惯性力偶矩转化为平移质量的惯性力。计算时，用系数 δ 作为旋转质量的惯性力偶矩的汽车旋转质量换算系数。因此，F_{j} 的计算公式为

$$F_{j} = \delta m \frac{dv_{a}}{dt} \tag{2-9}$$

式中　δ——汽车旋转质量换算系数，主要与飞轮的转动惯量、车轮的转动惯量和传动系统的传动比有关；

m——汽车质量（kg）；

$\dfrac{\mathrm{d}v_a}{\mathrm{d}t}$——汽车行驶加速度（m/s²）。

第三节　汽车行驶的驱动-附着条件

一、驱动-附着条件

汽车在行驶过程中会遇到各种阻力，为保证汽车能够正常行驶，就必须有足够的驱动力以克服这些阻力。驱动力与各阻力之间的关系应符合驱动力平衡方程，即

$$F_t = F_f + F_i + F_w + F_j \qquad (2-10)$$

由式（2-10）可知，汽车若要实现正常的起步加速以及匀速行驶，必须满足：

$$F_t \geqslant F_f + F_i + F_w \qquad (2-11)$$

式（2-11）即为汽车行驶的驱动条件。

汽车行驶的驱动条件是汽车行驶的必要条件，并非充分条件，它反映了汽车本身的行驶能力。为了满足这一必要条件，可以采用增加发动机转矩、加大传动系统传动比等方法来增大汽车的驱动力。

汽车驱动力大，加速能力好，爬坡能力也强。但是，这个结论必须有一个前提条件：轮胎与路面之间必须有足够大的附着力。如果路面附着性能差，如冰雪路面，驱动力大并不能有效地使车轮滚动向前，还可能导致车轮急剧加速滑转。由此可见，汽车正常行驶除了受驱动条件制约外，还受轮胎与地面间附着条件的限制。

地面对轮胎切向反作用力的极限值称为附着力 $F_{\varphi\max}$。在硬路面上，它与驱动轮法向反作用力 F_z 成正比，即

$$F_{\varphi\max} = F_z \varphi \qquad (2-12)$$

式中　　φ——附着系数。

驱动轮上的地面切向反作用力不能大于附着力，否则会发生驱动轮滑转，汽车无法正常行驶。因此，汽车的驱动力与附着力必须满足下列关系：

$$F_t \leqslant F_{\varphi\max} \qquad (2-13)$$

式（2-13）即为汽车行驶的附着条件。

综上所述，汽车行驶的驱动-附着条件是

$$F_f + F_i + F_w \leqslant F_t \leqslant F_{\varphi\max} \qquad (2-14)$$

此为汽车正常行驶的充分与必要条件。汽车行驶首先要满足驱动条件，即驱动力足够大，足以克服各种行驶阻力。但是，驱动汽车行驶的驱动力是地面对驱动轮的切向反作用力，是地面作用于汽车的外力。当驱动轮被架空而离开地面时，无论发动机产生多大转矩，汽车都是不能行驶的。为了保证汽车正常行驶，轮胎与地面必须有良好的附着性能，即附着力足够大，地面才能在附着力的限制下对驱动轮作用足够的切向反作用力。

二、附着力与附着系数

汽车的附着力取决于附着系数以及地面作用于驱动轮的法向反作用力。提高附着系数以提高附着力，是保证汽车驱动力得到充分利用的重要措施。提高附着系数，不仅有利于

汽车动力性的发挥，也可提高汽车的制动性。

附着系数主要取决于路面的种类与状况、轮胎的花纹与气压、汽车行驶速度等影响因素。

1. 路面的种类与状况

硬路面的附着系数较大，因为在硬路面上，轮胎的变形远较软路面的变形大，路面的坚硬微凸起部分嵌入轮胎的接触表面，使接触强度增大。路面被污物(细沙、尘土、油污、泥)覆盖时，路面的凹凸不平被填充，或路面潮湿时有水起润滑作用，都会使附着系数下降(20%~60%，甚至更多)。路面的结构对排水能力也有很大影响。路面的宏观结构应有一定的不平度而具有自动排水的能力，路面的微观结构应是粗糙而且有一定的尖锐棱角，以穿透水膜直接与胎面接触。对于因长期使用已经磨损和风化的轮胎，附着系数会降低。

不同类型的轮胎在各种路面上实际测得的附着系数如表 2-3 所示。

表 2-3 不同类型的轮胎在各种路面上实际测得的附着系数

路面		附着系数		
类型	状态	高压轮胎	低压轮胎	越野轮胎
沥青、混凝土路面	干燥	0.50~0.70	0.70~0.80	0.70~0.80
	潮湿	0.35~0.45	0.45~0.55	0.50~0.60
	泥泞	0.25~0.45	0.25~0.40	0.25~0.45
碎石路面	干燥	0.50~0.60	0.60~0.70	0.60~0.70
	潮湿	0.30~0.40	0.40~0.50	0.40~0.55
土路	干燥	0.40~0.50	0.50~0.60	0.50~0.60
	潮湿	0.20~0.40	0.30~0.40	0.35~0.50
	泥泞	0.15~0.25	0.15~0.25	0.20~0.30
积雪路面	松软	0.20~0.30	0.20~0.40	0.20~0.40
	压实	0.15~0.20	0.20~0.25	0.30~0.50
结冰路面	—	0.08~0.15	0.10~0.20	0.05~0.10

2. 轮胎的花纹与气压

轮胎的花纹对附着系数的影响也较大。具有细而浅花纹的轮胎，在硬路面上有较大的附着系数；具有宽而深花纹的轮胎，在软路面上有较大的附着系数。增加胎面的纵向条纹，在干燥的硬路面上由于接触面积减小，附着系数有所下降，但在潮湿的路面上有利于挤出接触面中的水分，改善附着能力。

目前，汽车轮胎胎面上有纵向曲折大沟槽，胎面边缘有横向沟槽，使轮胎在纵向、横向均有较好的附着能力，又提高了在潮湿路面上的排水能力。当路面潮湿有积水时，由于胎面在接地过程中的微小滑动，胎面上大量的横纵向细微花纹将擦去接触面间的水分，实现轮胎与路面的直接接触，提供足够的附着力。轮胎的磨损也会影响附着能力，随着胎面花纹深度减小，附着系数将显著下降。

降低轮胎气压可使硬路面上附着系数略有提高，因此采用低压胎可获得较好的附着性能。在松软路面上，降低轮胎气压，则轮胎与土壤的接触面积增加，胎面凸起部分嵌入土壤的数目也增多，因而附着系数显著提高，如果同时增加车轮轮辋的宽度，则效果更好。对于潮湿的路面，适当提高轮胎气压，使轮胎与路面的接触面积减小，有助于挤出接触面间的水分，使轮胎得以与路面较坚实的部分接触，因而可提高附着系数。

3. 汽车行驶速度

汽车行驶速度提高时，多数情况下附着系数是降低的。在潮湿的路面上提高行驶速度时，由于接触面间的水分来不及排出，因此附着系数显著降低。在软土壤上，由于高速行驶车轮的动力作用容易破坏土壤的结构，因此提高行驶速度对附着系数产生极不利的影响。只有在结冰的路面上汽车行驶速度高时，与轮胎接触的冰层受压时间短，因而在接触面间不容易形成水膜，故附着系数略有提高。但是，要特别注意，在冰路上提高行驶速度会使行驶稳定性变差。

第四节　汽车的驱动力-行驶阻力平衡图

根据本章第三节中的分析可知，汽车的驱动力平衡方程为

$$F_t = F_f + F_i + F_w + F_j$$

这一方程表明了汽车行驶时驱动力与各行驶阻力之间的平衡关系。为了更清晰而形象地表明这一平衡关系，一般将汽车的驱动力平衡方程用图解法来进行分析，即在汽车驱动力图上把汽车行驶中经常遇到的滚动阻力和空气阻力也算出并画在图上，作出汽车驱动力-行驶阻力平衡图，并以此来确定汽车的动力性。

装用五挡变速器的某汽车驱动力-行驶阻力平衡图如图 2-4 所示。

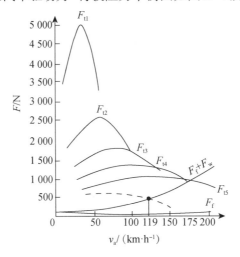

图 2-4　装用五挡变速器的某汽车驱动力-行驶阻力平衡图

一、确定最高车速

最高车速是指汽车在水平良好路面上所能达到的最高行驶速度，此时汽车应该是以最高挡位行驶，且 $F_i = F_j = 0$，图 2-4 所示最高挡位的驱动力曲线与行驶阻力（$F_f + F_w$）曲线的交点所对应的车速便是汽车的最高车速。

汽车以最高车速行驶时，驱动力全部用来克服滚动阻力和空气阻力，如遇坡道，汽车

的行驶速度会下降，必要时还需要降低挡位。

若汽车在水平良好路面以低于最高车速的速度稳定行驶，驾驶员可减小节气门开度，使发动机以部分负荷特性工作，相应的驱动力曲线如图2-4中虚线所示，此时驱动力与行驶阻力达到新的平衡。

二、确定加速能力

汽车的加速能力通常用其在水平良好路面上行驶时产生的最大加速度或最短加速时间来表示。汽车达到最大加速度，则坡道阻力 $F_i = 0$，根据驱动力平衡方程可得

$$\frac{dv_a}{dt} = \frac{g}{\delta}\left[F_t - (F_f + F_w)\right] \tag{2-15}$$

式中　g——重力加速度。

根据式（2-15）和图2-4可计算出汽车在节气门全开时各挡位的加速度曲线，如图2-5所示。

三、确定爬坡能力

汽车的爬坡能力用汽车满载时在良好路面上行驶时产生的最大爬坡度 i_{max} 来表示。此时，汽车必然不会再有加速能力，即 $F_j = 0$，则

$$F_i = F_t - (F_f + F_w)$$

坡道阻力 F_i 大小为 $G\sin\alpha$，代入式（2-16）得

$$\alpha = \arcsin\frac{F_t - (F_f + F_w)}{G} \tag{2-16}$$

利用图2-4即可求出汽车各挡位的爬坡角度，再相应地根据 $i = \tan\alpha$ 可绘制出汽车的爬坡度曲线，如图2-6所示，汽车的最大爬坡度 i_{max} 即为一挡时的最大爬坡度。

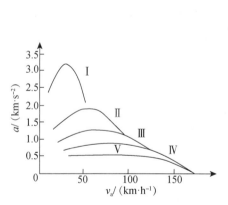

图 2-5　汽车的加速度曲线

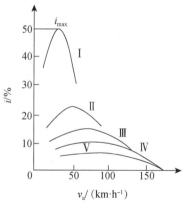

图 2-6　汽车的爬坡度曲线

第五节　动力性的路试方法

一、试验条件

路试的试验条件包括汽车条件、道路条件、气象条件及测量仪器设备要求等方面。

1. 汽车条件

要求汽车的发动机、传动系统、行驶系统、转向系统等完好无损，各轮胎气压正常，装载质量为厂定最大装载质量，客车乘员质量或替代重物也应符合规定要求。试验前汽车应进行预热行驶，使发动机达到正常行驶温度。

2. 道路条件

进行最高车速试验的道路应是平坦、干燥、清洁的沥青或混凝土路面，路长 2~3 km，宽度不小于 8 m，纵向坡度在 0.1% 以内。进行最大爬坡度试验时，要求坡道长度不小于 25 m，坡度均匀，坡前应有 8~10 m 的平直路段。

3. 气象条件

路试应在没有雨雾的天气下进行，气温为 0~40 ℃，相对湿度小于 95%，风速不大于 3 m/s。

4. 测量仪器设备要求

路试要求测量汽车行驶的速度、加速度、行驶里程、时间等，使用的仪器主要是第五轮仪或非接触式车速仪等。

如图 2-7 所示，第五轮仪的机械部分主要是一个车轮，使用时拖在车后，故称为第五轮。附加的机械装置可使第五轮对地面有一定压力以保持与地面的良好接触。仪表部分包括转速传感器、微控制器（单片机）以及显示仪表等，转速传感器多用磁电式或光电式，相应的信号盘则使用多齿或多孔的圆盘。当信号盘随车轮一起转动时，转速传感器每经过一个齿或孔都会感应出电信号。磁电式转速传感器产生的信号是非正弦周期信号，经过整形电路处理后形成一系列脉冲，如图 2-8 所示。对于光电式转速传感器，它可以直接产生脉冲信号，就不需要整形处理。由于信号盘圆周上的齿或孔数是固定的，车轮每转一周产生的脉冲数就是一定的，微控制器就可以根据单位时间接收到的脉冲数计算出车轮的转速，再根据转速计算出汽车行驶速度（km/h），并根据行驶时间（s）计算出行驶距离（m 或 km）。

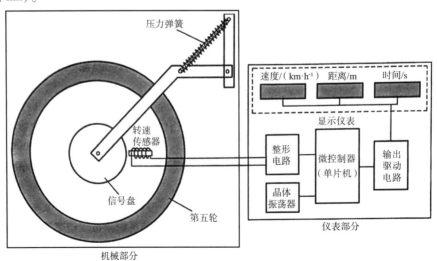

图 2-7　第五轮仪结构原理

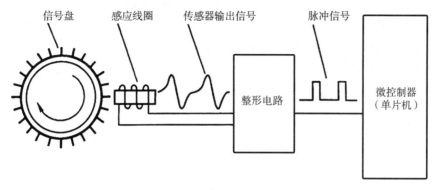

图 2-8 磁电式转速传感器输出信号处理

第五轮仪有时会因路面状况不良而打滑，或因轮胎气压等原因而影响测试精度，而且不适合 180 km/h 以上的高速测试。因此，近年来多采用非接触式车速仪代替第五轮仪。非接触式车速仪采用光电原理和滤波技术，投光器向地面发射光束，受光器根据地面的反射信号经过滤波处理后得到的光电信号频率来计算车速，具体原理参见第五章中非接触式车速仪的介绍。

二、最高车速试验

GB/T 12544—2012《汽车最高车速试验方法》规定，最高车速试验应在直线道路或环形道路上进行，试验路面应坚硬、平整、干净、干燥并具有良好的附着系数。试验前，应先检查车辆的转向、制动等效能以保证安全。试验时，应关闭汽车门窗。直线道路测试路段长度应至少 200 m，环形道路测试路段长度应至少 2 000 m，测试区应保留足够的加速路段，使汽车在进入测量路段前即能够达到最高稳定车速。试验汽车在加速路段以最佳加速状态行驶，加速踏板踩到底换入最高车速对应挡位，以最高的稳定车速通过测试路段。试验往返各一次，按下式计算试验结果：

$$v = \frac{L \times 3.6}{t} \tag{2-17}$$

式中　v——汽车最高车速(km/h)；

　　　L——测试路段长度(m)；

　　　t——测试时间(s)。

三、加速性能试验

汽车的加速性能与动力性能有直接的关系，加速性能试验分为原地起步加速试验和超车加速试验两种。

1. 原地起步加速试验

原地起步加速试验是指汽车在平直道路上用起步挡位起步，以最大的加速度逐步换到最高挡后，测试达到预定距离或车速时所需要的时间。具体规定各国不同，对轿车常用 0~80 km/h 或 0~100 km/h 的时间作为评价指标，规定的距离一般为 0~400 m、0~800 m 或 0~1 000 m 等。起步加速时间越短，加速性能越好，汽车的动力性能随即提高。

2. 超车加速试验

超车加速试验也称最高挡或次高挡加速性能试验，反映了汽车行驶中突然加速的快慢程度。试验时变速器置于预定挡位，加速中不能换挡。先以预定车速等速行驶，进入测试路段后迅速将加速踏板踩到底，汽车以最大加速度行驶至某一高速，记录从低速到高速所需时间。

四、爬坡性能试验

爬坡性能试验主要是检验汽车爬陡坡的能力，一般在专门的坡道上进行。汽车以最低挡开始爬坡，其所能爬上的最大坡度即为最大爬坡能力。轿车的最大爬坡度一般在 20% 以上，货车爬坡度为 20%~30%，越野车的爬坡能力还要大得多。

另有一种爬长坡试验，要求汽车通过最大纵向坡度不小于 8% 而长度为 8~10 km 的连续长坡。这种试验可以综合考验汽车的动力性、燃油经济性、发动机的热状况、冷却系统的冷却能力，以及低速、大转矩条件下传动系统的性能等。

五、滑行试验

汽车滑行是指汽车加速到某预定车速后，摘挡脱开发动机，利用汽车自身动能继续行驶直到停车的过程。滑行试验的目的是测试汽车车轮的滚动阻力、车身空气阻力及传动系统的阻力状况。简单的滑行试验常被用作汽车装配质量的检验手段。

滑行试验在平直路面上进行，初速度一般选择 50 km/h。在进入滑行之前，先让车速略高于 50 km/h，然后将变速器置于空挡，松开离合器踏板，开始滑行，当车速达到 50 km/h 时开始测量，记录整个滑行过程的时间和滑行距离。

第六节　动力性的台试方法

汽车的动力性台试一般也称为底盘测功试验，使用的主要设备是底盘测功机。底盘测功机可以很容易地给汽车驱动轮施加负载，因此在底盘测功机上能够进行很多模拟路面的试验。在介绍动力性台试之前，先介绍一下底盘测功机。

一、底盘测功机的基本功能和结构

1. 底盘测功机的基本功能

底盘测功机是一种滚筒式的试验台，也称为转鼓试验台。在底盘测功机上进行试验采用的是模拟方法，用滚筒代替路面，用机械加载方法模拟道路阻力和迎风阻力，用飞轮模拟汽车的惯性力。与路试相比，台试具有试验时间短、操作简便灵活、可重复性强和不受外界道路与气候条件影响等优点，在汽车检测和维修部门得到了广泛应用。

在底盘测功机上可进行的试验项目很多，并不限于动力性能试验，主要包括以下试验。

(1)驱动轮的输出功率和驱动力试验。

(2)加速性能试验。

（3）滑行性能试验。

（4）车速、里程表校验。

（5）燃油消耗试验（在第三章第三节专门介绍）。

（6）各种模拟工况下排气污染物检测，包括近年来列入国家标准的汽油车的加速模拟工况、瞬态工况和简易瞬态工况试验，以及柴油车的加载减速工况试验等。

2. 底盘测功机的基本结构

底盘测功机主要由滚筒及机械部件、功率吸收装置（即测功装置）、测量装置、计算机测量控制系统、反拖装置和辅助设备等组成。

1）滚筒及机械部件

底盘测功机根据滚筒部分的结构形式不同可以分成两种，如图 2-9 所示。图 2-9（a）所示是大直径、单滚筒结构，其滚筒直径多为 1 500～2 500 mm。滚筒直径越大，模拟路面的效果越好，但直径过大则设备太笨重，占地面积大，安装也不方便。这种大滚筒的试验台主要在汽车制造厂或科研部门使用，不适用于汽车维修和检测部门。

图 2-9（b）所示是小直径、双滚筒结构，滚筒直径比大滚筒要小得多，一般为 185～400 mm。滚筒不能做得太小，否则将会增大滑转率、滚动阻力和滚动损失功率，还会提高轮胎的温度，特别是高速转动时这些不利影响更加显著。因此，当试验车速达到160 km/h 时，滚筒直径不应小于 300 mm；当试验车速达到 200 km/h 时，滚筒直径不应小于 350 mm。这种小直径、双滚筒结构安装和使用都很方便，广泛应用于汽车检测和维修部门。

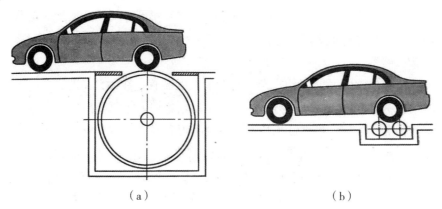

（a）   （b）

图 2-9 底盘测功机的两种结构形式

（a）大直径、单滚筒；（b）小直径、双滚筒

对滚筒表面的处理，目前主要有两种方法：一种是表面光滑的滚筒，因加工简单，故应用较多，但表面摩擦系数较低；另一种是表面带有涂复层的滚筒，这种滚筒表面带有摩擦系数与路面接近的涂复材料，使用效果较好，不过成本较高，对轮胎的磨损也比较大。

一种国产双滚筒式底盘测功机机械部分的结构如图 2-10 所示。其中，滚筒又分为主、副滚筒，左、右两个主滚筒通过联轴器彼此连接并与电涡流测功器相连接，而左、右两个副滚筒处于自由状态。

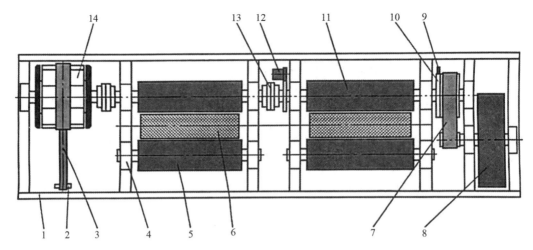

1—机架；2—压力传感器；3—测力杠杆；4—轴承座；5—副滚筒；6—举升器；7—带轮；8—飞轮；
9—电刷；10—电磁离合器；11—主滚筒；12—速度传感器；13—联轴器；14—电涡流测功器。

图 2-10　一种国产双滚筒式底盘测功机机械部分的结构

滚筒和其他机械部件都安装在机械框架之内，并整体在事先挖好的地坑内固定好。

为了能够在试验台上检测汽车的加速性能和滑行性能，需要模拟汽车行驶时的惯性。为此，可以在测功机上安装一套飞轮组（图 2-10 中的 8），按照不同汽车的质量配以相应质量的飞轮。飞轮与滚筒的接合与断开由电磁离合器（图 2-10 中的 10）控制。

在前、后两个滚筒之间装有举升器。举升器是一套可升降的装置，在测试前和测试后，举升器支撑板处于升高位置，以便顶起车轮，帮助汽车平稳驶入和驶出试验台；在测试中则是处于下降位置，使车轮落到两滚筒之间。举升器可有气压、液压和电动 3 种动力形式，一般气压举升器应用最多。

2）功率吸收装置

功率吸收装置（或测功器）是给汽车驱动轮加载的装置。在做台试时，为了模拟汽车在路面行驶时的各种阻力，就必须人为地给汽车驱动轮施加大小可调节的负载。测功器是底盘测功机特有的关键部件，根据负载种类的不同，可分为水力测功器、电力测功器和电涡流测功器 3 种。其中，水力测功器以水的阻力作为负载，电力测功器以发电机作为负载，也就是将汽车的驱动功率转变为发电机的电功率，而电涡流测功器则是以转子旋转时产生的涡流阻力矩作为负载的装置。以上三者中，水力测功器目前应用不多；电力测功器的功能最强，但成本较高，更适合科研部门和高等院校使用；电涡流测功器因具有体积小、运转平稳和测量精度较高等特点，在汽车检测维修部门的底盘测功机中应用最为广泛。

这里主要介绍电涡流测功器，其结构如图 2-11 所示。它主要包括定子和转子两大部分，其中定子是以一个钢制框架作机壳，在圆周方向上安装若干个带铁芯的励磁线圈，一般是 4~8 个；转子是两个钢制的、很厚的圆盘，固定在转轴上，位于定子线圈两侧，可随转轴一起转动，而测功器的转轴是与测功机滚筒连接在一起的。转子圆盘和定子铁芯线圈之间的间隙很小。

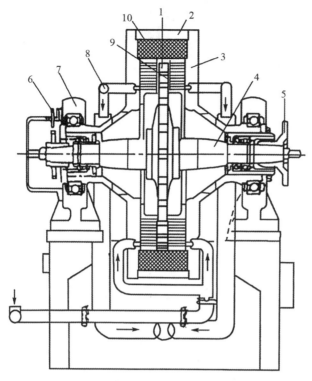

1—圆盘转子；2—定子；3—冷却盘；4—主轴；5—连接盘；6—转速传感器；
7—支座；8—排水管；9—空气隙；10—励磁线圈。

图 2-11 电涡流测功器的结构

电涡流测功器的工作原理如图 2-12 所示。当在线圈中通入直流电时，将会产生磁场，相邻两个线圈磁场极性相反，磁力线将经过相邻两个线圈的铁芯和转子盘形成闭合回路，如图 2-12 中虚线所示。当转子转动时，转子盘将切割磁力线而感应很强的涡流，涡流与励磁线圈的磁场相互作用，将使转子的转动受到一定的阻力。汽车驱动轮要通过带动电涡流测功器的转子转动，就必然要克服这种涡流阻力而消耗能量。调节励磁线圈的电流，就能改变磁场和涡流的强度，即可以轻而易举地、精确地调整驱动轮的负载。

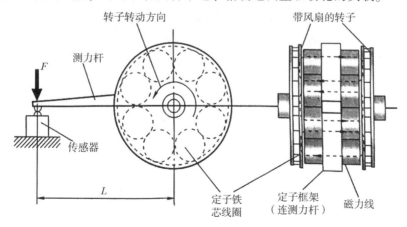

图 2-12 电涡流测功器的工作原理

实际的电涡流测功器虽然有多种结构形式，但基本原理基本都是一样的。

电涡流测功器运行时要吸收几十到上百千瓦的功率，涡流部件很容易发热，需进行冷却。根据冷却方式，电涡流测功器可分为水冷和风冷(即空气冷却)两种类型。图 2-11 为水冷型电涡流测功器，具有排水管；图 2-12 为风冷型电涡流测功器，转子盘上带有风扇叶片，转动时起到通风冷却作用。

3)测量装置

底盘测功机为了测量驱动功率和转矩，必须分别测量驱动力和转速，因此测量控制系统应包括测力装置和测速装置等部分。

(1)测力装置。

根据作用力和反作用力的原理，当转子转动受到电涡流的阻力矩时，定子也会受到大小相等、方向相反的力矩，因此只要测得定子所受的反力矩，就可以知道转子受到的阻力矩。电涡流测功器的定子不是固定安装的，而是与转子一起安装在同一轴的轴承上，也就是说，如果定子不被限制，它也可以与转子一样自由转动。但是，在定子外表面的框架(机壳)上固定了一个测力杆，并将测力杆压在一个压力传感器上面，如图 2-13 所示。这样，当定子受到反力矩时，会通过测力杆对传感器施加一个压力。测力杆的长度是一定的，从而通过传感器受的力，即可算出电涡流测功器的阻力矩 $M = F \cdot L$，该力矩通过滚筒作用于汽车驱动轮，与驱动轮的驱动力矩平衡，从而可进一步计算出汽车在各种不同工况下驱动轮的驱动力或转矩。

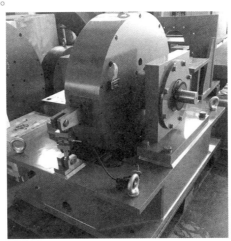

图 2-13　压力传感器

(2)测速装置。

底盘测功机在测试功率、加速性能及油耗等项目时，都需要测试车速。测试车速要使用速度传感器。速度传感器种类很多，常用的有霍尔元件式、光电式、磁电式等，也可以使用测速发电机。不论哪种方法，都是先测试滚筒的转速(r/min)，再换算成汽车行驶的车速(km/h)。

4)计算机测量控制系统

底盘测功机采用计算机测量控制系统，与相关的电气控制设备都集中在一个控制柜内。计算机是测量控制系统的核心，承担底盘测功机的操作控制、数据采集、数据处理计算及显示打印等任务。底盘测功机控制系统框图如图 2-14 所示。

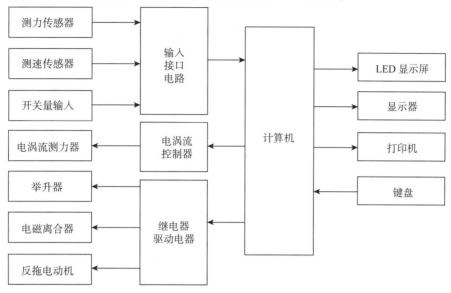

图 2-14 底盘测功机控制系统框图

操作控制包括根据输入的测试项目进行全部操作过程的控制、通过调节电涡流测功器励磁电流对驱动轮的加载控制、选挂飞轮的电磁离合器控制及举升器升降控制等,其中最主要的是对电涡流测功器的加载控制。计算机内有一套自动调节系统,可以根据试验内容的需要,精确调节测功器励磁电流,从而实现恒定转速或恒定转矩的控制。

计算机的数据采集部分要对上述测力和测速传感器输出的各种信号分别进行收集和处理。凡属于模拟量信号的(如压力传感器和测速发电机的信号),都需经过放大和 A/D 转换,再送入计算机进行数据处理;凡属于数字信号的(如光电式或霍尔元件式转速传感器输出的脉冲信号),则要经过光电隔离等环节后送入计算机处理;对于非正弦周期信号(如磁电式传感器信号),还要进行整形处理,然后根据输入的数据进行转速、车速、距离(里程)、驱动力和驱动功率等的计算。

(1)汽车车速计算。

滚筒转速与汽车车速间有如下关系:

$$v = 0.188Dn \tag{2-18}$$

式中　v——车速(km/h);

　　　D——滚筒直径(m);

　　　n——滚筒转速(r/min)。

(2)驱动轮的驱动力计算。

驱动轮对滚筒的驱动力为

$$F_k = M/r = FL/r \tag{2-19}$$

式中　F_k——驱动轮的驱动力(N);

　　　M——电涡流测功器的阻力矩(N·m);

　　　L——测力杆长度(m);

　　　r——滚筒半径(m);

F——压力传感器测量的压力(N)。

（3）驱动轮驱动功率计算。

根据驱动力和车速，可按下式计算驱动轮输出的驱动功率：

$$P_k = F_k v / 3\ 600 \qquad (2-20)$$

式中　P_k——驱动轮驱动功率(kW)；

　　　F_k——驱动轮的驱动力(N)；

　　　v——车速(km/h)。

5）反拖装置

底盘测功机本身并不具备驱动能力，各种试验都以汽车的驱动轮作动力来源。在进行最大驱动力和驱动功率试验时，由于存在汽车传动系统功率损耗、车轮与滚筒间的滚动功率损耗及底盘测功机本身的机械功率损耗，因此驱动轮最后输出的、用于平衡电涡流测功器的功率只是发动机驱动功率的一部分。为了比较准确地测量这些功率损耗，可以采用反拖的方法，用一台电动机带动试验系统空转，通过测量电动机消耗的功率或电动机轴输出转矩来计算上述损耗功率。反拖装置多采用交流电动机，通过变频调速装置调节电动机转速以测量指定转速下的损耗功率。反拖装置是一种附加装置，有的底盘测功机并不配备。

6）辅助设备

除上述基本设备外，底盘测功机还需要以下辅助设备。

（1）纵向约束装置。

汽车在底盘测功机上试验时，为了使驱动轮稳定地运转在滚筒上，防止汽车可能出现的前后左右移动或者冲出试验台，必须对被试验汽车加以一定的约束。例如，有的试验台，必须用钢索拉紧，使汽车能够在纵向和侧向固定，如图 2-15（a）所示；有的试验台，不一定用钢索，但至少需要在从动轮前后用三角木块（或挡铁）顶住，如图 2-15（b）所示。

（a）　　　　　　　　　　　　　　　　　（b）

图 2-15　纵向约束装置

（a）用钢索拉紧汽车；（b）用挡铁顶住非驱动车轮

（2）风冷装置。

汽车在底盘测功机上试验时，虽然车轮在运转，但因汽车处于静止状态，没有迎面风以冷却发动机，仅靠发动机自身的冷却系统散热将导致发动机冷却不足，特别是长时间、大负荷试验时，发动机很容易发热，因此试验时应在车前放置移动式冷却风机，对发动机进行强制冷却，如图 2-16 所示。轮胎周围空气不流通，轮胎长时间在滚筒上转动也容易发热而导致胎温过高，因此在驱动轮附近也应使用风机进行冷却。

图 2-16　发动机前放置移动式冷却风机进行冷却

二、在底盘测功机上进行的驱动轮输出功率试验

1. 试验工况条件

发动机功率与转矩随转速变化的特性曲线即发动机的转速特性曲线，如图 2-17 所示。发动机的转速特性与节气门开度有关，节气门全开时的转速特性称为发动机的外特性，它表示发动机所能达到的最高性能；节气门部分开启时的转速特性称为部分特性。图 2-17 中有两组曲线，细线为转矩 M 的特性曲线，粗线为功率 P 的特性曲线。每组曲线有不同高度，对应于节气门的不同开度，其中最高的功率和转矩特性曲线对应节气门全开，即发动机的外特性曲线。最高曲线的最高点 A 与 B 分别对应发动机的额定转矩 M_e 和额定功率 P_e，显示出发动机最大动力性能。对应的转速 n_M 和 n_P 分别为额定转矩转速和额定功率转速。

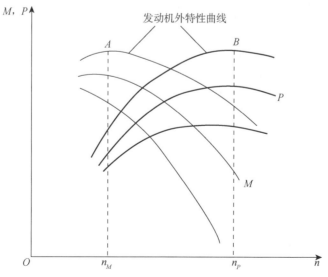

M—转矩特性曲线；P—功率特性曲线。

图 2-17　发动机的转速特性曲线

在同样的发动机运行工况下，若变速器的挡位不同，驱动轮将会输出不同的特性。因此，进行动力性试验还应配合适当的变速器挡位。由于低挡位时特性曲线对应车速范围很窄，而高挡位时对应车速范围较宽，所以理想情况应选择直接挡进行动力性试验。

2. 评价指标

按 GB/T 18276—2017《汽车动力性台架试验方法和评价指标》的规定，汽车动力性评价指标如下。

（1）汽车在发动机最大转矩工况或额定功率工况时的驱动轮输出功率。

（2）汽车在发动机额定功率工况或最大转矩工况时的驱动轮轮边稳定车速。

采用驱动轮轮边稳定车速作为评价指标时，压燃式发动机车辆采用额定功率工况，点燃式发动机车辆采用最大转矩工况。在进行维修质量监督抽查或对动力性检测结果有异议时，采用驱动轮输出功率作为评价指标。

3. 试验准备

试验准备主要包括 3 个方面：测功机的准备、受检汽车的准备和环境状态的记录。

1）测功机的准备

（1）预热。

采用反拖电机或车辆驱动滚筒转动预热测功机，直至测功机滑行时间趋于稳定。

（2）示值调零。

测功机静态空载，力、速度示值调零或复位。

2）受检汽车的准备

（1）车辆空载。

（2）车辆使用的燃料和润滑油的规格应符合制造厂技术条件的规定。

（3）检查驱动轴轮胎的花纹深度和气压。花纹深度不得小于 1.6 mm，轮胎中不得夹有杂物，轮胎干燥，气压应符合 GB/T 2977—2016《载重汽车轮胎规格、尺寸、气压与负荷》的规定。

（4）采集受检车辆的以下参数信息。

①发动机额定功率 P_e（kW）。

②发动机最大转矩 M_e（N·m）。

③发动机最大转矩转速 n_m（r/min）。

④货车、自卸车、半挂汽车列车最大总质量 G（kg）。

⑤客车车长 L（mm）。

⑥汽车驱动轴空载质量 G_R（kg）。

（5）车辆应预热至发动机、传动系统达到正常工作的温度状况，发动机冷却液温度应达到正常工作温度。

（6）关闭非汽车正常行驶所必需的附属装备，如空调系统等。

3）环境状态的记录

测量并记录检测环境的温度、相对湿度和大气压力。

4. 试验方法

汽车在底盘测功机上进行试验如图 2-18 所示，主要包括驱动轮输出功率检测、驱动轮轮边稳定车速检测两方面。

图 2-18 汽车在底盘测功机上进行试验

1) 驱动轮输出功率检测

(1) 最大转矩工况检测。

① 根据车辆参数信息按下式计算最大转矩工况车速，或选取最大转矩工况车速推荐值 (表 2-4):

$$v_{m} = 0.377 \times \frac{rn_{m}}{ii_{0}}$$ (2-21)

式中 v_{m}——最大转矩工况车速(km/h)

r——驱动轮轮胎半径(m);

n_{m}——最大转矩转速(r/min)，当最大转矩转速为一范围时，取均值;

i——变速器传动比，取 $i=1$:

i_{0}——主减速器传动比。

表 2-4 各车型最大转矩工况车速及驱动轮输出功率限值推荐值

车型	车长 L/mm 最大总质量 G/kg	车速/(km·h^{-1})	输出功率限值/kW
客车	$L \leqslant 6\ 000$	50	26
	$6\ 000 < L \leqslant 7\ 000$	50	28
	$7\ 000 < L \leqslant 8\ 000$	53	35
	$8\ 000 < L \leqslant 9\ 000$	60	54
	$9\ 000 < L \leqslant 10\ 000$	63	62
	$10\ 000 < L \leqslant 11\ 000$	65	70
	$11\ 000 < L \leqslant 12\ 000$	70	87
	$L > 12\ 000$	70	109

车型	车长 L/mm 最大总质量 G/kg	车速/$(km \cdot h^{-1})$	输出功率限值/kW
货车	$3\,500 < G \leqslant 4\,000$	47	19
	$4\,000 < G \leqslant 8\,000$	47	24
	$8\,000 < G \leqslant 9\,000$	47	26
	$9\,000 < G \leqslant 12\,000$	50	30
	$12\,000 < G \leqslant 15\,000$	50	33
	$15\,000 < G \leqslant 16\,000$	50	36
	$16\,000 < G \leqslant 18\,000$	50	48
	$18\,000 < G \leqslant 22\,000$	53	52
	$22\,000 < G \leqslant 25\,000$	55	56
	$25\,000 < G \leqslant 30\,000$	55	66
	$30\,000 < G \leqslant 31\,000$	55	75
自卸车	$3\,500 < G \leqslant 5\,000$	46	23
	$5\,000 < G \leqslant 9\,000$	46	28
	$9\,000 < G \leqslant 11\,000$	46	30
	$11\,000 < G \leqslant 17\,000$	46	33
	$17\,000 < G \leqslant 19\,000$	46	36
	$19\,000 < G \leqslant 23\,000$	46	43
	$23\,000 < G \leqslant 31\,000$	48	79
汽车列车	$G \leqslant 27\,000$	45	34
	$27\,000 < G \leqslant 35\,000$	53	59
	$35\,000 < G \leqslant 43\,000$	60	84
	$43\,000 < G \leqslant 49\,000$	60	100

②引车员将汽车平稳驶上测功机,置汽车驱动轮于滚筒上,驱动轮轴线应与滚筒轴线平行,固定汽车非驱动轮。

③起动汽车,逐步加速,变速器接入直接挡(自动变速器应置于 D 挡),使汽车以直接挡的最低车速稳定运转。

④按①确定的最大转矩工况车速设定速度,测功机进行定速测功。

⑤测功机加载,将加速踏板踩到底,待汽车速度在设定速度下稳定 5 s,读取不少于 3 s 内测功机测得功率的平均值并记录。

⑥在读数期间,实际车速应稳定在设定速度±0.5 km/h 范围内。

(2)额定功率工况检测。

①与最大转矩工况检测中②、③一样固定好车辆并起动。

②将加速踏板踩到底，测功机加载扫描最大功率点，记录最大功率点速度 v_P（km/h）。

③设定测功机按 v_P 进行定速测功，待汽车速度在设定速度下稳定 5 s，读取不少于 3 s 内测功机测得功率的平均值并记录。

④在读数期间，实际车速应稳定在 v_P 值的 ±0.5 km/h 范围内。

（3）驱动轮输出功率计算。

①驱动轮输出功率按下式计算：

$$P_k = P_g + P_c + P_r \qquad (2-22)$$

式中　P_k——驱动轮输出功率（kW）；

　　　P_g——测功机测得功率（kW）；

　　　P_c——测功机内部损耗功率（kW）；

　　　P_r——轮胎滚动阻力消耗功率（kW）。

②测功机内部损耗功率按下式计算：

$$P_c = \frac{F_{tc} \cdot v}{3\ 600} \qquad (2-23)$$

式中　v——检测速度（km/h），取值为 v_P 或 v_m；

　　　F_{tc}——测功机内阻（N），可按 GB/T 18276—2017 要求取值，或采用反拖法定期测量测功机在 50 km/h 和 80 km/h 时的内阻分别作为额定功率工况和最大转矩工况测量时的测功机内阻。

③轮胎滚动阻力消耗功率按下式计算：

$$P_r = \frac{G_R g f_c v}{3\ 600} \qquad (2-24)$$

式中　G_R——汽车驱动轴空载质量（kg）；

　　　g——重力加速度，$g = 9.81\ \text{m/s}^2$；

　　　f_c——台架滚动阻力系数。最大转矩点台架滚动阻力系数取 $1.5f$，额定功率点台架滚动阻力系数取 $2f$，f 是汽车在水平硬路面上行驶的滚动阻力系数，GB/T 18276—2017 规定，子午线轮胎的滚动阻力系数为 $f = 0.006$，斜交胎的滚动阻力系数为 $f = 0.01$。

④按照 GB/T 18276—2017《汽车动力性台架试验方法和评价指标》中功率校正方法，将驱动轮输出功率 P 修正为标准环境状态下的校正驱动轮输出功率 P_0。

2）驱动轮轮边稳定车速检测

（1）额定功率工况检测。

①按前述固定好车辆。

②测功机不加载的条件下，起动被测车辆，逐步加速，选择直接挡，测取全油门的最高稳定车速。当最高稳定车速大于 95 km/h（对于危险货物运输车辆，其最高稳定车速大于 80 km/h）时，应降低一个挡位，重新测取最高稳定车速，并按下式计算额定功率车速：

$$v_e = 0.87 v_a \qquad (2-25)$$

式中　v_e——额定功率车速(km/h);

$\quad\quad v_a$——全油门所挂挡位的最高稳定车速(km/h)。

③将挡位挂回②确定的挡位,逐步踩下加速踏板到最大位置,同时测功机进行恒力加载至($F_E\pm20$)N范围内并稳定3 s后,开始测取车速,当3 s内的车速波动不超过±0.5 km/h时,该车速即为驱动轮轮边稳定车速v_w,检测结束。

④计算加载力。

a. 检测环境下的功率吸收装置加载力按下式计算:

$$F_E = F_e - F_{tc} - F_c - F_f - F_t \tag{2-26}$$

式中　F_E——检测环境下功率吸收装置在滚筒表面上的加载力(N);

$\quad\quad F_e$——v_e车速点,检测环境下发动机达标功率换算在驱动轮上的驱动力(N);

$\quad\quad F_{tc}$——底盘测功机内阻(N);

$\quad\quad F_c$——轮胎滚动阻力(N);

$\quad\quad F_f$——v_e车速点,发动机附件消耗功率换算在驱动轮上的阻力(N);

$\quad\quad F_t$——车辆传动系统允许阻力(N)。

b. 按下式计算F_e:

$$F_e = \frac{3\ 600 \times \eta P_e}{\alpha_d v_e} \tag{2-27}$$

式中　η——功率比值系数,$\eta = 0.75$;

$\quad\quad \alpha_d$——压燃式发动机功率校正系数,计算方法详见 GB/T 18276—2017 附录 B。

c. F_{tc}可按 GB/T 18276—2017 要求取值,或采用反拖法定期测量测功机在 80 km/h 时的内阻作为F_{tc}值。

d. 按下式计算F_c:

$$F_c = f_c G_R g \tag{2-28}$$

e. 按下式计算F_f:

$$F_f = \frac{3\ 600 \times f_p P_e}{v_e} \tag{2-29}$$

式中　f_P——v_e车速点,发动机附件消耗功率系数。当发动机铭牌(或说明书)功率参数以额定功率表征时,$f_P = 0.1$;以净功率表征时,$f_P = 0.06$;以车辆铭牌最大净功率表征时,$f_P = 0$。

f. 按下式计算F_t:

$$F_t = 0.18 \times (F_e - F_f) \tag{2-30}$$

(2)最大转矩工况检测。

①按前述固定好车辆。

②测功机不加载的条件下,起动被测车辆,逐步加速,选择变速箱第3挡位,采用加速踏板控制车速,当外接转速表(外接转速表无法稳定测取转速时,可观察发动机转速表)的转速稳定指向发动机最大转矩转速n_m时,测取当前驱动轮轮边线速度,记作最大转矩

车速 v_m。当 v_m > 80 km/h 时，应降低一个挡位，重新测取最大转矩车速 v_m。

③当最大转矩转速为一定范围时，n_m 取其均值；当 n_m > 4 000 r/min 时，按 n_m = 4 000 r/min 测取。

④将挡位挂回②确定的挡位，逐步踩下加速踏板，使车速超过 v_m，同时测功机进行恒力加载至 ($F_M \pm 20$) N 范围内并稳定 3 s 后，开始测取车速，当 3 s 内的车速波动不超过 ±0.5 km/h 时，该车速即为驱动轮轮边稳定车速 v_w，检测结束。

⑤计算加载力。

a. 检测环境下的功率吸收装置加载力，按下式计算：

$$F_M = F_m - F_{tc} - F_c - F_f - F_t \tag{2-31}$$

式中　F_M——检测环境下功率吸收装置在滚筒表上的加载力(N)；

　　　F_m——v_m 车速点，检测环境下发动机达标转矩换算在驱动轮上的驱动力(N)。

b. 按下式计算 F_m：

$$F_m = \frac{0.377 \times \eta M_e n_m}{\alpha_a v_m} \tag{2-32}$$

式中　α_a——点燃式发动机功率校正系数，计算方法详见 GB/T 18276—2017 附录 B。

c. F_{tc} 可按 GB/T 18276—2017 要求取值，或采用反拖法定期测量测功机在 50 km/h 时的内阻作为 F_{tc} 值。

d. 按式(2-28)计算 F_c。

e. 按下式计算 F_f：

$$F_f = \frac{0.377 \times f_m M_e n_m}{v_m} \tag{2-33}$$

式中　f_m——v_m 车速点，发动机附件消耗功率系数，取 0.06。

f. 按下式计算 F_t：

$$F_t = 0.18 \times (F_m - F_f) \tag{2-34}$$

5. 检测结果评价

1)限值

(1)驱动轮输出功率限值。

①最大转矩工况下，驱动轮输出功率限值取最大转矩点功率 P_M 的 51%，P_M 按下式计算或选取推荐值(表 2-4)：

$$P_M = (M_e \cdot n_m)/9\,550 \tag{2-35}$$

②额定功率工况下，驱动轮输出功率限值取额定功率 P_e 的 49%。

(2)驱动轮轮边稳定车速限值。

①额定功率工况下，驱动轮轮边稳定车速限值取 v_e。

②最大转矩工况下，驱动轮轮边稳定车速限值取 v_m。

2)判定方法

(1)采用最大转矩工况或额定功率工况下的驱动轮输出功率评价时，若校正驱动轮输出功率大于或等于限值，则判定该车动力性为合格。

（2）采用额定功率工况下的驱动轮轮边稳定车速评价时，若驱动轮轮边稳定车速 $v_w \geqslant v_e$，则判定该车动力性为合格。

（3）采用最大转矩工况下的驱动轮轮边稳定车速评价时，若驱动轮轮边稳定车速 $v_w \geqslant v_m$，则判定该车动力性为合格。

（4）当校正驱动轮输出功率或驱动轮轮边稳定车速小于限值时，允许复检一次。若一次复检合格，则判定该车动力性为合格。

（5）当检测结果和复检结果均小于限值时，判定该车动力性为不合格。

6. 关于试验结果的分析

如前所述，整个试验系统的损耗功率主要由三部分组成：汽车传动系统的传动损耗、驱动轮在试验台滚筒上的滚动阻力损耗及底盘测功机本身的机械损耗（包括轴承、联轴器的机械摩擦损耗和空冷电涡流测功器冷却风扇的风阻损耗）。再加上在用车发动机自身老化造成的功率下降，因此驱动轮的实际输出功率总是远小于发动机额定功率。

从发动机输出功率到驱动轮输出功率两者之间的传动效率为

$$\eta_m = \frac{P_k}{P_e} \tag{2-36}$$

式中　P_e——发动机输出功率（kW）；

　　　P_k——驱动轮输出功率（kW）；

　　　η_m——汽车传动系统的传动效率。

汽车传动系统的机械传动效率如表 2-5 所示。由表 2-5 可知，各种类型汽车传动系统的传动阻力所消耗的功率约占发动机输出功率的 10%～20%。

表 2-5　汽车传动系统的机械传动效率

汽车类型		机械传动效率 η_m
轿车		0.90～0.92
客车与货车	单级主减速器	0.90
	双级主减速器	0.84
4×4 越野汽车		0.85
6×4 货车		0.80

驱动轮在双滚筒上的滚动阻力所消耗的功率，与滚筒的直径、轮胎的直径、气压及转速有关。有资料表明，这种滚动损耗常可占到所传递功率的 15%～20%。

试验台自身的机械摩擦损耗功率所占比例不大，约为所传递功率的 5%，其中冷却风扇的风阻损耗随转速变化而显著变化。

以上三者累计可达所传递功率的 30% 以上。实际上，在底盘测功机上测得驱动轮输出功率与额定功率的百分比对于新车只有 70% 左右，对于在用车则相对更低。

图 2-19 给出了从发动机到驱动轮输出的动力传递流程，该图形象地表示出功率传递

过程中各项主要损耗对输出功率的影响。

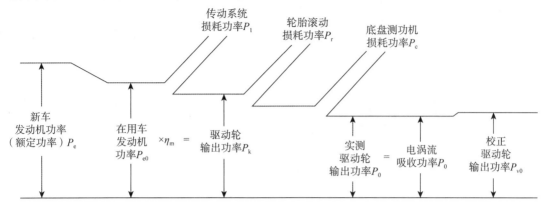

图 2-19　汽车在底盘测功机上的动力传递流程

驱动轮实际输出的功率也就是底盘测功机电涡流测功器所吸收的功率 P_0，它与驱动轮输出的功率 P_k 有如下关系：

$$P_0 = P_k - P_r - P_c \tag{2-37}$$

式中　P_r——轮胎滚动损耗功率(kW)；

　　　P_c——底盘测功机机械损耗功率(kW)。

为了测试各项功率损耗，可以进行电动机反拖试验。GB/T 18276—2017 具体给出了二轴四滚筒台架内阻和三轴六滚筒式台架内阻在各种工况的取值，或是采用反拖试验方法定期测量测功机在 50 km/h 和 80 km/h 时的内阻，然后由式(2-23)计算台架的内部功率损耗。

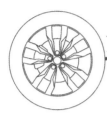

第三章

汽车燃油经济性

第一节　汽车燃油经济性的评价指标

　　汽车的燃油经济性是指在保证动力性的条件下，汽车以最少的燃油消耗量经济行驶的能力。燃油经济性好，不仅可以节约燃料，降低运营成本，还有利于减少汽车尾气排放，保护环境。

　　汽车燃油经济性的评价指标通常有以下 3 个。

　　1. 单位行驶里程的燃油消耗量

　　在我国及欧洲，常用汽车行驶 100 km 所消耗的燃油升数来评价燃油经济性，单位为 L/100 km。数值越小，表明燃油经济性越好。

　　2. 消耗单位量的燃油所行驶的里程

　　在美国，采用汽车消耗每加仑燃油所能行驶的英里数来评价燃油经济性，单位为 MPG 或 mile/gal。而日本则采用每消耗 1 L 燃油所能行驶的公里数来评价燃油经济性，单位为 km/L。数值越大，表明燃油经济性越好。

　　以上两种评价方式都只考虑了汽车行驶里程与油耗的关系，适用于比较同类型汽车或同一汽车装载不同部件时的燃油经济性。

　　3. 单位运输工作量的燃油消耗量

　　对于比较不同类型、不同装载质量汽车的燃油经济性，则要用单位运输工作量的燃油消耗量来评价，单位为 L/(100 t · km)。

第二节　汽车燃油经济性的影响因素

　　在汽车的运输成本中，汽车燃油消耗的费用占 20% ~ 30%，提高汽车的燃油经济性，节约燃油，对降低汽车运输成本意义重大。

　　汽车燃油消耗量除了与行驶阻力(车轮阻力、空气阻力、坡度阻力及加速阻力)、发动机燃油消耗率和传动系统效率有关之外，还与停车怠速油耗、汽车附件(空调等)消耗及制动能量损耗有关。在城市循环工况中，后 3 个因素的影响相当大，它们消耗的能量总计达燃油化学能的 25.2%。但是，传统结构的汽车在这些方面尚未找到突破性的提高燃油经济性的措施。

发动机燃油消耗率，一方面取决于发动机的种类、设计制造水平，另一方面又与汽车行驶时发动机的负荷率有关。下面分别从汽车使用和结构两个方面，讨论影响汽车燃油经济性的因素，从而获得提高汽车燃油经济性的一些途径。

一、汽车使用方面

1. 汽车行驶速度

汽车满载在良好路面上行驶时，存在一个使等速燃油消耗量(以下简称油耗)最小的车速，即技术经济车速。车速高于或低于经济车速，汽车等速油耗均上升，不同车型的经济车速可通过试验得到。

由图 2-17 中的发动机外特性曲线可以看出，汽车在接近低速的中等车速时燃油消耗率 g_e 最低，高速时随车速增加，g_e 迅速加大。这是因为在高速行驶时，虽然发动机的负荷率较高，但汽车的行驶阻力增加很多，从而导致百公里油耗增加。

2. 挡位的选择

在一定道路上，汽车用不同挡位行驶，油耗是不一样的。显然，在同一道路条件与车速下，虽然发动机发出的功率相同，但挡位越低，后备功率越大，发动机的负荷率越低，燃油消耗率 g_e 越高，百公里油耗就越大，而使用高挡时的情况则相反。

汽车在良好路面上行驶，在一定的行驶状态下，既可使用次高挡，也可使用最高挡，但使用最高挡时较节约燃油。为了节约燃油，在节气门开度不超过 90% 的条件下，应尽可能使用最高挡。

汽车上坡行驶时，应及时减挡。减挡过早，不能充分利用汽车惯性爬坡；减挡过晚，车速降低过多，常需要多换一次挡，增加油耗。

3. 挂车的应用

使用挂车可提高运输生产率并降低成本。拖带挂车后，虽然汽车总的油耗增加了，但以单位运输工作量计的油耗却下降了，即分摊到每吨货物上的油耗下降了。拖带挂车节省燃油的原因有两个：一是带挂车后阻力增加，发动机的负荷率增加，使燃油消耗率 g_e 下降；二是汽车列车的质量利用系数(即装载质量与整车整备质量之比)较大。

4. 道路条件及气候

路面质量、交通混合情况、平原或坡道、海拔和天气状况等都将影响汽车的行驶状态，继而影响其燃油经济性。

5. 汽车的技术状况

汽车的调整与保养影响发动机的性能与汽车行驶阻力，因此对汽车油耗有一定影响。试验表明，当汽车的前轮定位准确，制动器摩擦片与制动鼓有正常的间隙，轮胎气压正常，各相对运动零部件滑动摩擦表面光洁、间隙恰当并有充分的润滑油时，底盘的行驶阻力减小，汽车的滑行距离便大大增加。例如，阻力较小的装载质量为 2.5 t 的汽车，在良好水平路面上以 30 km/h 的车速开始空挡滑行，滑行距离应达 200~250 m。上述有试验表明，当滑行距离由 200 m 增至 250 m 时，油耗可降低 7%。

二、汽车结构方面

汽车的结构对燃油经济性的影响很大，通过对汽车各个主要部件的优化改进，可以大大提高汽车的燃油经济性。

1. 汽车总尺寸和质量

减小汽车总尺寸有利于减小整车质量及汽车行驶过程中所受到的空气阻力，即减小汽车的行驶阻力，因此燃油经济性将随之提高。

减小汽车质量是降低油耗最有效的措施之一。其措施主要有采用高强度轻质材料，如低合金高强度钢、铝合金、塑料、树脂和各种纤维强化等制造汽车零部件；改进汽车结构，如采用前轮驱动、承载式车身等，以及各种零部件的薄壁化和小型化。

2. 发动机

改进发动机结构是提高燃油经济性的主要途径。

(1)改善进、排气系统。

改善进、排气系统的目的是减小进、排气阻力，使进气充分、排气彻底，提高充气效率从而提高燃油经济性。另外，汽油机进气管断面形状和尺寸，对燃油的雾化、蒸发和分配影响很大。

(2)采用稀混合气。

采用稀混合气有利于燃烧完全，提高燃油利用率。另外，稀混合气的燃烧温度相对较低，不易发生爆燃，可适当提高压缩比，因而可以提高燃油经济性。

(3)提高压缩比。

压缩比较高的发动机，一般热效率较高，发动机的动力性、燃油经济性都比较好。

(4)提高电子控制技术。

提高发动机电控燃油喷射技术，实现各种工况下均可精确地控制混合气的浓度，保证各缸供应混合气的均匀性，使燃油燃烧完全，发动机燃油经济性较好。

(5)提高柴油发动机市场占有率。

柴油机的热效率较高，尤其是当发动机在部分负荷工作时其燃油消耗率较低，柴油机的燃油消耗(按容积计算)比汽油机要节省 20%~40%。

3. 传动系

传动系的挡位增多后，增加了选用合适挡位使发动机处于经济工作状况的机会，因此，近年来轿车手动变速器已基本上采用 5 挡，也有采用 6 挡的。轿车自动变速器广泛采用 6 挡乃至 8 挡，大型货车同样具有采用更多挡位的趋势。但是，不能过多地增加有级式变速器的挡数，因为这将使传动系统过于复杂，而且也不便于操作选用。

挡数无限的无级变速器，在任何条件下都提供了使发动机在最经济工况下工作的可能性。若无级变速器始终能维持较高的机械效率，则汽车的燃油经济性将显著提高。

4. 汽车外形与轮胎

降低空气阻力系数是节约燃油的有效途径。改善汽车外形，使车身形状近于流线型，以减小空气阻力系数，可以减少行驶过程中特别是高速行驶中的空气阻力，有显著的节油效果。有数据表明，某轿车空气阻力系数由 0.5 下降到 0.3，可使油耗降低 22%。

汽车轮胎的选用，主要影响汽车动力性和燃油经济性。公认子午线轮胎综合性能好，尤其滚动阻力小，与一般斜交胎相比可使油耗降低 6%~8%。

第三节 汽车燃油经济性的试验方法

一、汽车燃油经济性试验分类

1. 按试验工况分类

1）等速百公里油耗

燃油经济性常用等速百公里油耗来评价，即汽车在额定载荷下，以最高挡在水平良好的路面上等速行驶 100 km 的燃油消耗量。等速行驶工况是汽车在道路上运行的一种基本工况，这种油耗易于测定，因此得到广泛采用。

2）循环油耗

循环油耗是指在一段指定的典型路段内汽车以等速、加速和减速 3 种工况行驶时的油耗。有些还要计入起动和怠速停车等工况的耗油，然后折算成百公里油耗。

一些汽车的技术性能表将循环油耗标注为"城市油耗"，而将等速百公里油耗标注为"等速油耗"。

一般来说，循环油耗与等速百公里油耗（指定车速）加权平均取得综合油耗，能比较客观地反映汽车的油耗。现代轿车给出的城市循环油耗和公路循环油耗，更确切地说应为城市综合油耗和公路综合油耗。

2. 按试验场地分

1）路试

汽车油耗路试是指在室外道路条件下进行的油耗试验，包括不控制的路试、控制的路试和循环路试 3 种。

（1）不控制的路试。

不控制的路试是指对行驶道路、交通情况、驾驶习惯和周围环境等各方面因素都不加控制的试验。由于各种使用因素的随机变化，要获得分散度小的数据是很困难的，为此，必须用相当数量的汽车进行长距离的试验，才能获得可以信赖的数据。虽然这是一种非常接近实际情况的试验，但由于费用巨大、周期长，因此很少采用。

（2）控制的路试。

测量燃油消耗时，维持行驶道路、交通情况、驾驶习惯和周围环境等中的一个或几个因素不变的试验，称作控制的路试。例如，我国海南试验场进行的、包含考察汽车各项使用性能指标在内的全国汽车质量检查试验中，规定了要测量在一般路面、恶劣路面和山区公路上的百公里油耗，试验规范中对试验路线作了较明确的规定，但对试验中的交通情况、驾驶员的习惯，以及气温、风、雨等并无规定，这就是一种控制的路试。国外汽车试验场地在自己的专用试验道路上也进行类似的燃油消耗试验。

（3）循环路试。

循环路试指的是汽车完全按规定的车速及时间规范进行试验。何时换挡、何时制动，以及行车的速度、加速度，制动减速等，都在相关的技术规范中加以规定。

2）台试

台试是指用底盘测功机构成汽车行驶状态模拟系统，在室内模拟各种道路试验工况，即通过加载方式模拟汽车在道路上行驶时所受到的惯性阻力、滚动阻力、空气阻力及负荷

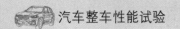

特性等,然后用油耗测量仪测定汽车的等速(或循环)油耗。

GB/T 19233—2020《轻型汽车燃料消耗量试验方法》规定乘用车具体的油耗试验方法有等速行驶油耗试验和工况循环油耗试验两种。等速行驶油耗试验可在道路或台架上进行,而工况循环油耗试验则应在台架上进行。

二、试验条件

1. 汽车条件

汽车在进行工况循环油耗试验时不需要磨合,但在进行等速行驶油耗试验时需要磨合,磨合至少应行驶 3 000 km。

试验车辆各性能应保证正常,汽车的装载质量、轮胎气压等都应符合规定,润滑油和燃油都应符合车辆制造厂的规定。

试验车辆应根据制造厂的规定调整发动机和车辆操纵件。

试验前,汽车应放在环境温度为 20~30 ℃ 的环境下至少 6 h,直至发动机润滑油温度和冷却液温度达到(该环境温度 ±2 ℃),车辆应在常温下运行后的 30 h 内进行试验。

试验时,应关闭车窗和驾驶室通风口。

2. 油耗的测量条件

距离的测量准确度应为 0.3%,时间的测量准确度应为 0.2 s,油耗、行驶距离和时间的测量装置应同步起动。

燃油通过一个精确度为 ±0.2% 的能测量质量的装置供给发动机,该装置使车辆上的燃油记录装置进口处的燃油压力和温度的改变分别不超过 10% 和 ±5℃。如果选用容积法测量,应记录测量点的燃油温度。

3. 环境条件

试验应在没有雨雾的天气进行,气温为 5~35 ℃,大气压力应为 91~104 kPa,相对湿度小于 95%,风速不大于 3 m/s,阵风风速不大于 5 m/s。

4. 测试仪器条件

车速测试仪器和油耗计的精度应为 0.5%,计时器最小读数为 0.1s。

三、汽车燃油经济性台试

1. 试验设备

汽车燃油经济性的台试是将底盘测功机和油耗仪配合使用完成的,底盘测功机用于提供活动路面并模拟汽车在道路上行驶时的阻力,油耗仪则用于汽车油耗的测量。

测量汽车油耗时,可以采用测定其容积、质量、流量、流速和压力等方法,其中容积法和质量法较为常用,尤其是容积法应用更为广泛。

1)容积式油耗计的基本结构

容积式油耗计按传感器的结构分类,主要有膜片式、活塞式和量管式;按计量显示仪表分类,主要有电磁计数器式和数字显示式。

以活塞式油耗计为例,四活塞式油耗计的传感器由流量测量机构和信号转换机构组成。流量测量机构主要由十字形配置的 4 个活塞和旋转曲轴构成,用于将一定容积的燃油流量转变为曲轴的旋转。在泵油压力作用下,燃油推动活塞做往复运动,4 个活塞各往复运动一次，曲轴旋转一周，完成一个工作循环，如图 3-1 所示。

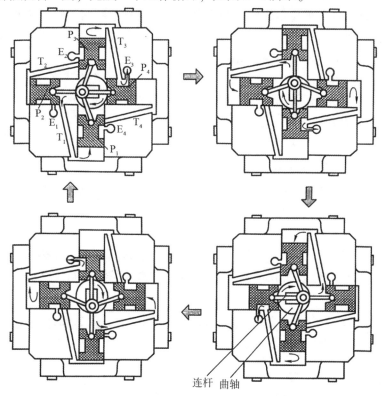

$P_1 \sim P_4$—活塞；$T_1 \sim T_4$—油道；$E_1 \sim E_4$—排油口。

图 3-1 四活塞式油耗计传感器工作原理

曲轴每旋转一周，各缸分别泵油一次，曲轴每转一周的泵油量为

$$V = \frac{4\pi D^2}{4} \cdot 2h = 2\pi D^2 h \tag{3-1}$$

式中 V——四缸排油量(cm^3)；

$\quad\quad D$——活塞直径(cm)；

$\quad\quad 2h$——两倍的曲轴偏心距，即活塞行程。

经上述流量测量机构的转换后，将油耗转化为测定曲轴的旋转圈数。

信号转换机构能把曲轴的转动变成光电脉冲信号，脉冲信号送入计量显示仪表，经过计算、处理后，即可显示出流经的燃油量。

四活塞式油耗计的计量显示仪表多采用具有运算功能的数字显示仪表，现在已经发展成微型计算机(简称微机)控制的智能化仪表。例如，国产 SLJ-3 型流量计能够测定各种类型发动机油耗的多种参数；国产 ZHZI4 型汽车综合参数测试仪不仅能测试油耗，还能测试车速、累计里程、燃油温度等参数，并能自动完成多种测试任务。

2)容积式油耗计使用方法

下面以 ZHZ14 型汽车综合参数测试仪为例，介绍容积式油耗计的一般使用方法。

(1)将油耗计与汽油燃油管连接好，传输信号的电缆插入传感器的插座上，另一端插入计量显示仪表输入插座上。

(2)接通电源，开机并按下"自校"键，仪器自动进入自检状态。

（3）按下"启动"键，仪器将自检数据清零，进入正常测量状态。

（4）通过按键，仪器可显示累计行驶里程、累计油耗、瞬时油耗、累计时间、试验车速和燃油温度等参数。

（5）按下"打印"键，可打印测量结果。

该仪器还设置了专用试验功能，可自动完成国家标准规定的等速行驶耗油测量和多工况耗油测量；可手动完成百公里耗油测量等，能够省去标杆和指示人员。测量中可通过按键选择不同的测量方式。

2. 汽车燃油经济性台试方法

1）检测油路的连接与油路中气泡的排除

检测油路的布置与油路中出现气泡对检测结果影响很大，因此必须合理布置检测油路和排净油路中的气泡。

（1）油路的连接。

对于汽油机，油耗计应串接在燃油滤清器与燃油分配管之间，从燃油压力调节器经回油管流回燃油箱的燃油应改接在油耗计传感器与燃油分配管之间，避免重复计量，如图3-2所示。

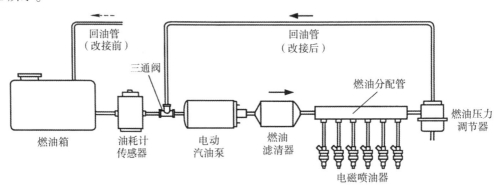

图 3-2　汽油机检测油路的连接

对于柴油机，油耗计应串接在柴油滤清器与喷油泵之间，从高压回油管和低压回油管流回的燃油应接在油耗计传感器与喷油泵之间，以免重复计量，如图3-3所示。

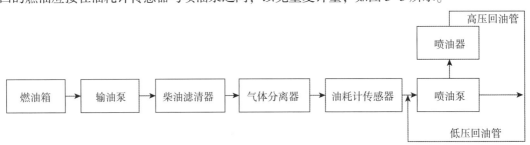

图 3-3　柴油机检测油路的连接

串接好的油耗计应放置平稳或吊挂牢固。

（2）油路中气泡的排除。

油路中的气泡对油耗检测结果影响很大：油耗计会把气泡所占的容积当作油耗量，使检测数据高于实际数，造成测量值的误差。因此，测量开始前应将管路中的气体排净。比较妥当的办法是在油耗计传感器的进口处串接气体分离器，以保证测量精度，如图3-3所示。当混有气体的燃油进入气体分离器浮子室时，气体会迫使浮子室内的油平面下降，针阀打开，气体排出进入大气，从出油管进入油耗计传感器的燃油便没有气体了，使测量精度提高。

如果测量的是汽油机，要把车上从燃油箱到燃油泵的管路"短路"，装上密封性好的无堵塞的新油管，用性能较稳定的电动燃油泵和燃油滤清器代替原车相应部件，缩短燃油泵到油耗计传感器的油管长度，使燃油泵到油耗传感器的阻力大幅减小，从而避免气泡对检测结果的不良影响。

如果测量的是柴油机，要在油路中装好油耗计后，用手动泵泵油，以泵油压力排除油路中的空气泡。此项工作需在发动机起动之前完成，且在测量完拆去油耗计恢复原油路后仍需排除油路中刚产生的空气泡。

2）试验方法

（1）试验步骤。

①将待测车辆预热至正常工作温度，检查轮胎气压应符合原厂规定，底盘测功试验台应预热至正常工作温度。

②正确安装油耗计和气体分离器，并排除供油系中的气体。

③汽车开上底盘测功试验台，落下举升器，变速器置于直接挡，同时给滚筒加载，使车辆模拟满载，等速行驶达到规定试验车速。

④待车速稳定后，测量不低于500 m行程的油耗。连续测量两次，取其算术平均值，即为等速行驶油耗，再计算等速百公里油耗。

（2）加载量的确定和试验循环。

加载量是模拟汽车在道路上行驶时所受到的滚动阻力、空气阻力等行驶阻力。由于各个车型的实际情况不同（包括迎风面积、汽车总质量、汽车与地面接触的轮胎个数等），所以不同的车型在底盘测功试验台上应有不同的加载量。加载量的确定方法：首先，汽车（走合过的新车或接近新车的在用车）在额定总质量状态下，以直接挡从20 km/h开始做油耗试验，往返采样3次，得出20 km/h该车的平均等速油耗；然后，每次间隔10 km/h加速至该车最高车速的90%，做与上述同样的试验，至少测定5个试验车速，依次测得20 km/h到最高车速90%的等速百公里油耗；其次，在整车整备质量状态下，在底盘测功试验台上汽车从20 km/h开始，对底盘测功机加载模拟满载时20 km/h路试状态下所受的外界阻力，直至加上某一载荷后测得20 km/h等速百公里油耗，其与车速为20 km/h路试测得的平均百公里油耗相同，则上述对底盘测功机的载荷即为汽车车速20 km/h时的加载量；最后，按照上述试验方法依次测得各个车速下的加载量。

3. 试验结果评价

营运车辆油耗限值是以该车型原厂规定的等速百公里油耗限值为基础确定的。JT/T 198—2016《道路运输车辆技术等级划分和评定要求》中规定：注册日期三个月以内的车辆，燃油经济性视为合格；以汽油或者柴油为单一燃料且最大设计总质量超过3 500 kg的在用道路运输车辆应进行燃油经济性评价，其他车辆不作评价；燃用柴油或汽油、总质量大于3 500 kg的在用车辆，其油耗限值及评价方法应符合GB/T 18566—2011《道路运输车辆燃料消耗量检测评价方法》中的相关规定。

四、汽车燃油经济性路试

汽车燃油经济性路试项目有直接挡全节气门加速油耗试验、等速油耗试验、多工况油耗试验和限定条件下的平均使用油耗试验。

下面以等速油耗试验为例介绍路试方法。

1. 试验要求

试验测试路段长度至少为 2 km，试验道路上任意两点之间的纵向坡度不应超过+3%。其他环境等试验条件应符合前面所提到的试验条件。车辆试验质量为整车整备质量加上180 kg；当车辆的 50%载质量大于 180 kg 时，则车辆的试验质量为整车整备质量加上车辆的 50%载质量(包括测量人员和仪器的质量)。

在第一次测量之前，车辆应进行充分的预热，并达到正常工作状态。

2. 试验过程

在每次测量之前，车辆以尽可能接近试验速度的速度行驶至少 5 km，该速度在任何情况下与试验速度相差不应大于 ±5%，目的是保持车辆温度稳定。

为了确定在规定速度时的油耗，应在低于或等于规定速度时进行至少两次试验，并在等于或高于规定速度时进行至少另外两次试验，但应满足在每次试验行驶期间速度误差不超过 ±2 km/h，每次试验的平均速度与规定速度之差不超过 2 km/h。

3. 油耗的计算

油耗可以采用质量法和容积法来确定。质量法公式为

$$C = \frac{M}{D S_\text{g}} \times 100 \tag{3-2}$$

式中　C——油耗；

　　　M——油耗测量值(kg)；

　　　D——试验期间的实际行驶距离(km)；

　　　S_g——标准温度(20 ℃)下燃油密度(kg/dm^3)。

容积法公式为

$$C = \frac{V[1 + \alpha(T_0 - T_\text{F})]}{D} \times 100 \tag{3-3}$$

式中　C——油耗；

　　　D——试验期间的实际行驶距离(km)；

　　　V——油耗测量值(L)；

　　　α——燃油容积膨胀系数，燃油为汽油或柴油时，为 0.001/℃；

　　　T_0——标准温度(20 ℃)；

　　　T_F——燃油平均温度(℃)，即每次试验开始和结束时，读取在容积测量装置上的燃油温度测得算术平均值。

指定速度的油耗还应根据测试数据进行线性回归法来计算。

第四章
汽车排放污染物

第一节　汽车排放污染物的成分

汽车排放的污染物是城市公害之一,它污染了人类的生存环境,影响了人类的身体健康,已发展成为严重的社会问题。因此,监测排放污染物浓度,已成为汽车性能试验项目中极为重要的组成部分。

汽车排放污染物主要是一氧化碳(CO)、碳氢化合物(简称 HC)、氮氧化合物(NO_x)、硫化物(主要是 SO_2)、碳烟及其他一些有害物质。

汽车排放污染物中,CO、HC、NO_x 和碳烟主要来自汽车尾气,少部分来自曲轴箱窜气。现代汽油发动机由于采用曲轴箱强制通风(positive crankcase ventilation,PCV)控制阀等结构,曲轴箱窜气的部分 HC 还来自燃油箱和整个供油系统的蒸发与滴漏。

第二节　汽油车排放污染物的检测基本理论

一、汽油车排放污染物的成因

1. CO 的成因

CO 的产生是因为输送至燃烧室的氧气不足,以致燃油不能充分燃烧造成的(即混合气太浓)。废气中的 CO 浓度(体积比)一般是由空燃比决定的,而且基本上是随空燃比变化而变化的。减少废气中 CO 浓度最有效的方法是尽可能提高空燃比(使混合气的浓度变小),使燃烧更充分。

2. HC 的成因

不完全燃烧或未燃烧的汽油从燃烧室排出,以未净化的气体形式进入大气,这是 HC 产生的主要原因。HC 和 CO 一样,如果汽油在燃烧室内完全燃烧,就不会产生。实际上,即使在完全燃烧的情况下,受空燃比、气缸压力、气门开启重叠角和猝熄等因素的影响,也常常产生 HC。

3. NO_x 的成因

废气中有 95% 的 NO_x 是 NO，NO 是在燃烧室里生成的。氮分子（N_2）在正常条件下是稳定的，但在高温（1 800 ℃）和高浓度氧气的条件下，N_2 和 O_2 便能发生反应，生成 NO_x。因此，NO_x 是在混合气完全燃烧的条件下生成的，而不像 CO 和 HC，是在不完全燃烧的条件下生成的。因为只有完全燃烧达到足够高的温度，才能生成 NO_x 的反应。如果温度达不到 1 800 ℃，那么 N_2 和 O_2 将不会生成 NO_x 的反应，而是分别从排气系统中排出。这就是说，影响燃烧中生成 NO_x 的浓度的最大因素是燃烧室所能达到的温度和空燃比。

因此，减少废气中 NO_x 浓度最有效的方法是限制燃烧室内的最高温度或者缩短高温持续的时间，另一个可能的方法则是降低 O_2 的浓度。

4. 行车工况与废气的产生

1）暖机工况（产生 CO、HC）

因为发动机（进气歧管）没有充分预热，汽油不能充分蒸发，在发动机预热时，空气和燃油的混合气浓度大（空燃比约为 5∶1），所以产生大量的 CO 和 HC。

2）怠速运行工况（产生 CO、HC）

在怠速运转时，燃烧室内的温度较低，汽油不能充分蒸发。在这种情况下，通常需要额外供应燃油，使空燃比提高（约为 11∶1）。由于混合气不完全燃烧，CO 和 HC 的浓度增大，而燃烧温度较低，因此 NO_x 的浓度几乎为 0。

3）匀速行驶

（1）中、低速行驶工况（产生 NO_x）。

汽车中、低速行驶时，汽油的空燃比略大于理论空燃比。由于各种发动机结构不尽相同，在常用的发动机型号中，通常空燃比为 16∶1~18∶1。在这个比值下，混合气浓度较小，燃烧室温度升高，则易产生较多的 NO_x。

（2）高速行驶工况（产生 CO、HC 和 NO_x）。

汽车高速行驶时，发动机以高输出功率运转，空燃比较大。CO 和 HC 浓度上升，由于燃烧室温度降低且缺乏足够的氧气，NO_x 浓度降低。

（3）加速行驶工况（产生 CO、HC 和 NO_x）。

踩下加速踏板，节气门开度加大，增加了吸入进气歧管的空气量。燃油量也同时增加，空气与燃油的混合气浓度变大（8∶1 左右），CO 和 HC 的浓度也增大。随着发动机转速的提高，燃烧速度加快，燃烧温度升高，NO_x 浓度也变大。

（4）减速行驶工况（产生 CO、HC）。

汽车减速行驶时，造成发动机制动，节气门完全关闭，但发动机转速高，燃烧室和进气歧管中负压也随之增强。这一负压降低了火焰扩散的速度，使火焰在扩散至整个燃烧室之前就熄灭了。这就产生了未燃烧的 HC，并被排放至大气中。另外，较大的负压使附着在歧管壁上的燃油迅速蒸发，导致燃油混合气浓度增大，并增大了 CO 和 HC 的浓度。但是，因为负压降低了燃烧温度，从而使 NO_x 浓度几乎降至零。

（5）大负荷行驶工况（产生 CO、HC 和 NO_x）。

若汽车爬陡坡时发动机负荷大，则节气门完全打开，空气与燃油的混合气达最大浓度，此时 CO 和 HC 浓度很大，而 NO_x 浓度降低。

二、汽油车(含 LPG 或 NG)排放污染物检测工况

1. 一般规定

GB 18285—2018《汽油车排放污染物限值及测量方法(双怠速法及简易工况法)》规定,单一燃料汽车,仅按燃用单一燃料进行排放检测;两用燃料汽车,要求使用两种燃料分别进行排放检测。

有手动选择行驶模式功能的混合动力电动汽车应切换到最大燃料消耗模式进行测试。如无最大燃料消耗模式,则应切换到混合动力模式进行测试,若测试过程中发动机自动熄火并切换到纯电模式,无须中止测试,可进行至测试结束。

汽油车尾气排放污染物的检测方法采用双怠速工况法和简易工况法两种方法进行检测。

2. 双怠速工况

双怠速工况包含怠速和高怠速两个工况。

怠速工况指汽车发动机最低稳定转速工况,即离合器处于接合位置、变速器处于空挡位置(对于自动变速箱的车应处于停车挡或 P 挡)、加速踏板处于完全松开位置。

高怠速工况指满足怠速工况(除最后一项)条件,用加速踏板将发动机转速稳定控制在标准规定的高怠速转速下。GB 18285—2018 规定,轻型汽车的高怠速转速为 2 500±200 r/min,重型汽车的高怠速转速为 1 800±200 r/min;如不适用的,按照制造厂技术文件中规定的高怠速转速。

3. 简易工况

简易工况包含稳态工况、瞬态工况和简易瞬态工况 3 种。

1)稳态工况

稳态工况也称为加速模拟工况(acceleration simulation mode,ASM),是指车辆预热到规定的热状态后加速至规定车速,根据车辆规定车速时的加速负荷,通过底盘测功机对车辆加载,使车辆保持等速运转的工况。

在底盘测功机上的试验运转循环由 ASM5025 和 ASM2540 两个工况组成,如图 4-1 所示,其试验工况运转循环如表 4-1 所示。

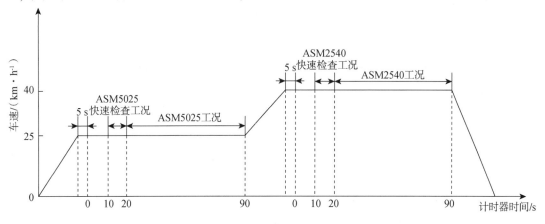

图 4-1 ASM 试验工况运转循环

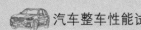

表 4-1 ASM 试验工况运转循环

工况	运转次序	车速/(km·h⁻¹)	计时器时间/s	测试时间/s
ASM5025	1	0~25	—	—
	2	25	5	
	3	25	10	90
	4	25	10	
	5	25	70	
ASM2540	6	25~40	—	—
	7	40	5	
	8	40	10	90
	9	40	10	
	10	40	70	

（1）ASM5025 工况。

经预热后的车辆，在底盘测功机上以 25 km/h 的速度稳定运行，系统根据测试车辆的基准质量自动施加规定的载荷，测试过程中应保持施加的转矩恒定，车速保持在规定的误差范围内。

（2）ASM2540 工况。

经预热后的车辆，在底盘测功机上以 40 km/h 的速度稳定运行，系统根据测试车辆的整备质量自动施加规定的载荷，测试过程中应保持施加的转矩恒定，车速控制在规定的误差范围内。

2）瞬态工况

瞬态工况以质量为基础来获取发动机瞬态工况排放数值来检测汽车的实际排放物污染水平，称为 IM195。该系统通过采集尾气的排放量，从而得到污染物的质量排放。其测定结果以汽车每行驶 1 km 的排气管排放污染物质量（g/km）来表述，能提供较真实的 CO、HC、NO_x 排放情况。

试验循环包含车辆怠速、加速、等速和减速各种工况。

3）简易瞬态工况

简易瞬态工况是一种相对较新的瞬态检测工况，称为 IG195。IG195 结合了 IM195 和 ASM 的特征，实时测量排放尾气的流量和密度，从而测得车辆排放的污染物质量。IG195 采用简易质量测试——汽车排放分析系统（vehicle mass analysis system，VMAS），实际上是改进了现有的 ASM 系统，使之能采用瞬态加载工况法进行排气总量的测定。该系统采用了 195 s 短工况测试，车辆为热起动状态。

试验循环车辆怠速、加速、减速、等速等多种工况，经计算机处理得出车辆每行驶 1 km 每种污染物的排放质量。

在底盘测功机上进行的试验循环如表 4-2 所示。按工况分解的统计时间如表 4-3 所示，按使用挡位分解的统计时间如表 4-4 所示。

表 4-2 在底盘测功机上进行的试验循环

操作序号	操作	工序	加速度/(m·s⁻²)	速度/(km·h⁻¹)	每次时间/s 操作	每次时间/s 工况	累计时间/s	手动换挡时使用的挡位
1	怠速	1	—	—	11	11	11	6 s PM+5 s K₁
2	加速	2	1.04	0.04	4	4	15	1
3	等速	3	—	15	8	8	23	1
4	减速	4	-0.69	15.69	2	5	25	1
5	减速、离合器脱开		-0.92	10.9	3		28	K₁
6	怠速	5	—	—	21	21	49	16 s PM+5 s K₁
7	加速	6	0.83	0.83	5	12	54	1
8	换挡				2		56	—
9	加速		0.94	1594M	5		61	2
10	等速	7	—	32	24	24	85	2
11	减速	8	-0.75	32.75	8	11	93	2
12	减速、离合器脱开		-0.92	10.9	3		96	K₂
13	怠速	9	—	—	21	24	117	16 s PM+5 s K₁
14	加速	10	0.83	0.83	5	26	122	1
15	换挡				2		124	—
16	加速		0.62	1562M	9		133	2
17	换挡				2		135	—
18	加速		0.52	3552M	8		143	3
19	等速	11	—	50	12	12	155	3
20	减速	12	-0.52	50.52	8	8	163	3
21	等速	13	—	35	13	13	176	3
22	换挡	14			2	12	178	—
23	减速		-0.86	32.86	7		185	2
24	减速、离合器脱开		-0.92	10.9	3		188	K₂
25	怠速	15	—	—	7	7	195	7 s PM

注：1. PM 表示变速器置空挡，离合器接合。

2. K₁、K₂ 分别变速器置一挡、二挡，离合器脱开。

表 4-3 按工况分解的统计时间

工况	时间/s	百分率/%	
怠速	60	30.8	35.4
怠速、车辆减速、离合器脱开	9	4.6	

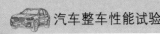

工况	时间/s	百分率/%
换挡	8	4.1
加速	36	18.5
等速	57	29.2
减速	25	12.8
合计	195	100

表4-4　按使用挡位分解的统计时间

变速器挡位	时间/s	百分比/%	
怠速	60	30.8	35.4
怠速、车辆减速、离合器脱开	9	4.6	
换挡	8	4.1	
一挡	24	12.3	
二挡	53	27.2	
三挡	41	21.0	
合计	195	100	

注：1. 测试期间平均车速为 19 km/h。

2. 有效行驶时间为 195 s。

3. 循环理论行驶距离为 1.013 km。

三、汽油车排放污染物的评价指标

1. CO

汽车装配点燃式发动机，采用双怠速法和稳态工况法对汽车排放污染物进行检测时，排放污染物中 CO 的计量单位为体积百分数，即体积浓度；采用瞬态工况法和简易瞬态工况法对汽车排放污染物进行检测时，排放污染物中 CO 的计量单位为质量单位，用 g/km 来表示。

2. HC

汽车装配点燃式发动机，采用双怠速法和稳态工况法对汽车排放污染物进行检测时，排放污染物中 HC 的计量单位为体积百万分数（10^{-6}）；采用瞬态工况法和简易瞬态工况法对汽车排放污染物进行检测时，排放污染物中 HC 的计量单位为质量单位，用 g/km 来表示。

3. 过量空气系数（α）

汽车装配点燃式发动机，采用双怠速法对汽车排放污染物进行检测时，要对 α 进行判定。α 是指燃烧 1 kg 燃料的实际空气量与理论上需要空气量的质量比。对于使用闭环控制电子燃油喷射系统和三元催化转化器技术的汽车，需进行 α 的测定。发动机为高怠速时，α 应为 1.00±0.03 或在制造厂规定的范围。

4. NO_x

汽车装配点燃式发动机，采用稳态工况法对汽车排放污染物进行检测时，排放污染物中 NO_x 的计量单位为体积百万分数（10^{-6}）；采用瞬态工况法和简易瞬态工况法对汽车排放污染物进行检测时，排放污染物中 NO_x 的计量单位为质量单位，用 g/km 来表示。

四、汽油车排放污染物的检测原理

1. 不分光红外线气体分析法（非分散红外线气体分析法）检测原理

汽车排气中的 CO、HC、NO_x 和 CO_2 等气体，分别具有吸收一定波长红外线的性质，而且红外线被吸收的程度与排放污染物浓度之间有一定的关系，如图4-2所示。不分光红外线分析法就是根据这一原理，即排放污染物吸收一定波长红外线能量的变化，来检测排放污染物中各种气体的含量。在各种气体混合在一起的情况下，这种检测方法具有测量值不受影响的特点。

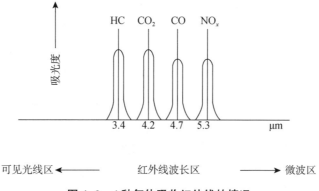

图4-2 4种气体吸收红外线的情况

利用不分光红外线气体分析法制成的分析仪，既可以制成单独检测 CO 或 HC 含量的单项分析仪，又可以制成测量多种气体含量的综合分析仪。排放污染物中 CO 的含量是直接测量的，而排放污染物中 HC 的成分非常复杂，因此要把各种 HC 成分的含量换算成正己烷的含量后再作为 HC 浓度的测量值。

2. 化学发光法检测原理

鉴于目前实施的怠速工况，测定 CO、HC 两种气体已无法有效反映汽车排放污染物对大气的污染现状，更不能满足环保部门对全球环境全面严格监测的要求。因此，除了测定 CO、HC 的含量外，还必须测定汽车排放污染物中 NO_x 和 CO_2。汽车排放污染物的含氧量是装有电控燃油喷射式发动机汽车计算机监测空燃比、控制排放量、保护三元催化转化器正常工况的重要信号。因此，现代开发的汽车排放污染物分析仪又增加了 O_2 含量的测试功能。

对于以上 5 种气体成分的含量通常采用两类不同方法来测定，其中 CO、CO_2、HC 的含量通过不分光红外线气体分析法的原理来测定，可获得足够的测试精度。而 NO_x 与 O_2 的含量通常采用电化学的原理来测定，排放污染物中 O_2 的含量也可以通过在测试通道中设置氧传感器即可测定，NO_x（NO、NO_2）含量也可采用化学发光法的原理进行精确测定。

利用化学发光法检测 NO_x（NO、NO_2）含量的基本原理如图4-3所示。通过适当的化学物质(如不锈钢或碳化物、钼化物)将排放污染物中的 NO_2 全部还原成 NO，NO 与 O_3 在气态接触时发生化学反应生成某些激化态的 NO_2^* 分子。这些激化态的 NO_2^* 分子衰减到基本态 NO_2 时，会发出波长为 $0.59 \sim 2.5\ \mu m$ 的光量子。其发光强度与排放污染物中 NO 的质量成正比。使用适当波长的光电检测器(如光敏二极管)即可根据检测器信号强弱换算出 NO 的含量，这种方法简称化学发光法(chemiluminescence detector，CLD)。

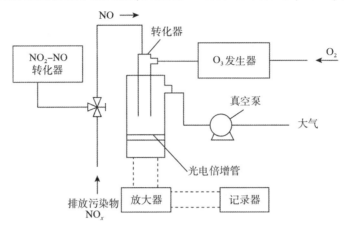

图 4-3　利用化学发光法检测 NO_x(NO、NO_2)含量的基本原理

由于 CLD 测定 NO_x 含量的设备结构较复杂，市场上提供的在线快速检测 5 种气体用分析仪很少，所以采用与 CO、CO_2、HC 相同的不分光红外线气体分析法。但需要说明的是，对测定 NO_x 含量来说，这种方法测定的精度较低。

五、不分光红外线气体分析仪的结构与工作原理

不分光红外线气体分析仪是一种能够从汽车排气管中采集样品，并对其中所含 CO 和 HC 的浓度进行连续测量的仪器。图 4-4 所示为 MEXA-324F 型气体分析仪，它由导管、滤清器、低浓度取样探头、高浓度取样探头、CO 指示仪表、HC 指示仪表、标准 HC 气样瓶和标准 CO 气样瓶等组成。排放污染物在气体分析仪内的流动路线如图 4-5 所示。

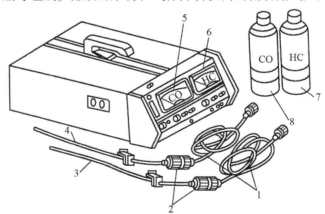

1—导管；2—滤清器；3—低浓度取样探头；4—高浓度取样探头；5—CO 指示仪表；

6—HC 指示仪表；7—标准 HC 气样瓶；8—标准 CO 气样瓶。

图 4-4　MEXA-324F 型气体分析仪

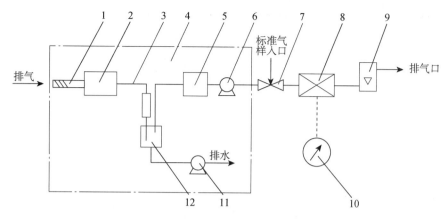

1—取样探头；2、5—滤清器；3—导管；4—取样装置；6、11—泵；7—换向阀；
8—分析装置；9—流量计；10—含量指示装置；12—水分离器。

图4-5　排放污染物在气体分析仪内的流动路线

1. 取样装置

取样装置由取样探头、滤清器、导管、水分离器和泵等组成。它通过取样探头、导管和泵从车辆排气管里采集排放污染物，再用滤清器和水分离器把排放污染物中的炭渣、灰尘和水分等除掉，只把气体送入分析装置。为了使取样探头具有耐热性和防止导管吸附HC气体，它们都由特殊材料制成。

2. 分析装置

分析装置由红外线光源、气样室、旋转扇轮、测量室和传感器等组成。该装置按照不分光红外线气体分析法，从来自取样装置混有多种成分的气体中分析CO和HC的含量，并将含量转换成电信号输送给含量指示装置。按传感器形式的不同，分析装置可分为电容微音器式和半导体式等类型；按功能的不同，分析装置可分为CO、HC单项式和CO、HC综合式两种。目前应用比较多的是电容微音器式分析装置。

电容微音器式分析装置如图4-6所示。从两个红外线光源发出的红外线，分别通过标准气样室和测量气样室后到达测量室。在标准气样室内充有不吸收红外线的氮气，在测量气样室内充有被测量的发动机气体。测量室由两个分室组成，二者之间留有通道，并在通道上装有金属膜式电容微音器以作为传感器将两个分室隔开。为了能够从气体中选择需要测量的成分，在测量室的两个分室内充入适量的与被测气体相同的气体，即在测量CO含量时，测量室内需要充入CO气体，在测量HC含量时，测量室内需要充入正己烷气体。

旋转扇轮也称为截光器，能连续地导通和截止两个红外线光源，从而形成射线脉冲。当红外线通过旋转扇轮断续地到达测量室时，通过测量气样室的红外线因被测气体中组分浓度吸收红外线一定波长范围的一部分，而通过标准气样室的红外线完全没有被吸收，测量室的两个分室内因红外线能量不同出现了温度差，温度差导致了测量室内出现压力差，致使金属膜片弯曲变形。排气中被测气体含量越大，金属膜片弯曲变形也越大。膜片弯曲变形致使电容微音器输出电压改变，该电压信号经放大器放大后输送至含量指示装置。由于被测气体中HC由多种成分组成，所以使用固体滤光片将除正己烷外的气体过滤掉，仅让具有正己烷吸收红外线波长为3.5 μm附近的红外线到达测量室内。正己烷被密封在测量室内，测量气样室中正己烷吸收量就能被检测出来。

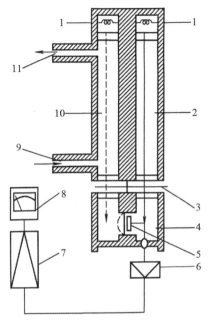

1—红外线光源；2—标准气样室；3—旋转扇轮；4—测量室；5—电容微音器；6—前置放大器；
7—主放大器；8—含量指示装置；9—排气入口；10—测量气样室；11—排气出口。

图4-6 电容微音器式分析装置

3. 含量指示装置

CO 和 HC 综合式气体分析仪的含量指示装置主要由 CO 指示装置和 HC 指示装置组成，有指针式仪表(见图4-7)和数字式显示器两种类型。由分析装置输送的电信号，在 CO 指示仪表上将 CO 的体积分数以百分数(%)表示，在 HC 指示仪表上将 HC 的体积分数以正己烷当量的百万分数(10^{-6})表示，可利用零点调整旋钮、标准调整旋钮和读数转换开关等控制指示。

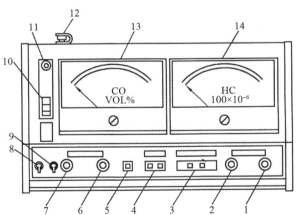

1—HC 标准调整旋钮；2—HC 零点调整旋钮；3—HC 读数转换开关；4—CO 读数转换开关；5—简易校准开关；
6—CO 标准调整旋钮 7—CO 零点调整旋钮；8—电源开关；9—泵开关；10—流量计；11—电源指示灯；
12—标准气样注入口；13—CO 指示仪表；14—HC 指示仪表。

图4-7 MEXA-324F 型气体分析仪指针式仪表

气体分析仪内的滤清器脏污时对测量值有影响，因此要经常观察流量计的指示情况，发现指针进入红区时应及时更换滤清器滤芯。

4. 校准装置

校准装置是一种为了保持气体分析仪的指示精度，使气体分析仪能够准确指示测量值的装置。校准装置往往既设有使用加入标准气样进行校准的装置，又设有使用机械方式简易校准的装置。

（1）标准气样校准装置是把标准气样从气体分析仪上单设的一个专用注入口直接送到分析装置，再通过比较标准气样浓度值和仪表指示值的方法来进行校准的装置。

（2）简易校准装置通常是用遮光板把分析装置中通过测量气样室的红外线遮挡住一部分，用减少一定红外线能量的方法进行简单校准的装置。

第三节　汽油车排放污染物的检测方法

一、准备工作

1. 仪器准备

按仪器使用说明书的要求做好以下各项准备工作。

（1）接通电源，将不分光红外线气体分析仪（以下简称气体分析仪）预热 30 min 以上。

（2）校准仪器。

①用标准气样校准。先让气体分析仪吸入清洁空气，用零点调整旋钮把仪表指针调整到零点然后把仪器附带的标准气样从标准气样注入口灌入，如图 4-8 所示，再用标准调整旋钮把仪表指针调到标准指示值。在灌入标准气样时，要关掉气体分析仪上的泵开关。

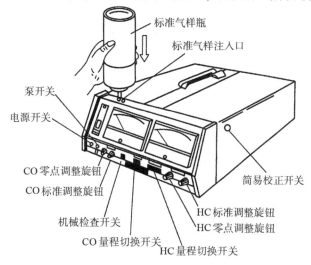

图 4-8　用标准气样校准

CO 测定器是以标准气样瓶上标明的 CO 浓度值作为校准的标准值；而 HC 测定器由于是用丙烷作为标准气样，因而按下式求出正己烷的换算值，再用正己烷的换算值作为校准的标准值：

校准的标准值（即正己烷换算值）= 标准气样（丙烷）含量×换算系数

式中，标准气样（丙烷）含量为标准气样瓶上标明的含量值；换算系数为气体分析仪的给出值(标注在仪器壳体一侧),一般为 0.472~0.578。

②简易校准。如图 4-9 所示,先接通简易校准开关,对于有校准位置刻度线的仪器,可用标准调整旋钮把仪表指针调整到正对校准刻度线的位置;对于没有校准位置刻度线的仪器,要在标准气样校正后立即操纵简易校准开关进行简易校准,此时需要用标准调整旋钮把仪表指针调整到与标准气样校准后的指示值重合。应记住这一指示位置,以便今后简易校准时使用。

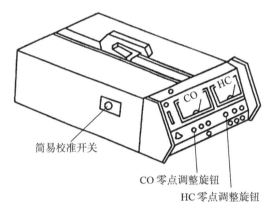

图 4-9 简易校准

③把取样探头和导管安装到气体分析仪上,检查取样探头和导管内是否有残留 HC。当导管内壁残留 HC 较多,仪表指针远超过零点时,需要用压缩空气吹洗或用布条等清洁取样探头和导管内壁。

仪器经过上述检查和校准后,即可投入使用。

2. 被测车辆准备

(1)如有需要,可在发动机上安装冷却液或润滑油温度传感器等测试仪器。

(2)应关闭车辆的空调、暖风等附属装备,对具有牵引力控制功能的车辆,应关闭牵引力控制装置。

(3)车辆预热。进行测试前,车辆动力总成系统的热状态应符合汽车测试技术条件的规定,并保持稳定。测试前如果被检车辆的等候时间超过 20 min,或在测试前熄火时间超过 5 min,可以选择下列任何一种方法预热车辆。

①车辆在无负荷时,发动机在 2 500 r/min 转速的状态下,连续运转 240 s。

②车辆在测功机上,按 ASM5025 工况连续运行 60 s。

(4)车辆变速器挡位选择。

自动变速器车辆应使用 D 挡进行测试,手动变速器车辆应使用二挡进行测试,如果车辆在二挡所能达到的最高车速低于 45 km/h,可使用三挡。

(5)车辆驱动轮应置于滚筒上,必须确保车辆的横向保持稳定,驱动轮轮胎应干燥且防滑。

(6)车辆应限位良好,对于前轮驱动的车辆,测试前应使驻车制动起作用。

(7)在测试工况计时过程中,不允许对车辆进行制动。如果车辆被制动,工况起始计时应重新置零($t=0$ s)。

3. 底盘测功机准备

当底盘测功机每天开机、车速低于 20 km/h 超过 30 min、停机后再次开机时,测试前均应自动进行预热。此预热应由系统控制自动进行，如没有按规定进行底盘测功机预热，系统应被锁定，不能进行排放污染物的检测。

4. 气体分析仪检查

（1）气体分析仪应在通电预热后 30 min 达到稳定。

（2）在每次开始测试前 2 min 内，气体分析仪应自动完成零点调整、环境空气测定和 HC 残留量检查。

（3）在气体分析仪每天开机开始检测前，应对取样装置进行泄漏检查，如未进行泄漏检查或者发现装置泄漏，系统应自动锁定，不能进行检测，直到装置通过泄漏检查为止。

（4）每 24 h 应对气体分析仪进行一次低浓度标准气体检查，若检查未通过，则应使用高浓度标准气体进行标定，然后使用低浓度标准气体再次进行检查，直到满足测试要求为止。检查使用标准气体规格参见 GB 18285—2018。标准气体应符合国家标准中的有关规定，并具有国家市场监督管理总局批准的标准物质证书。

二、检测流程

1. 双怠速法排放污染物检测流程

双怠速法排放污染物检测流程如图 4-10 所示。

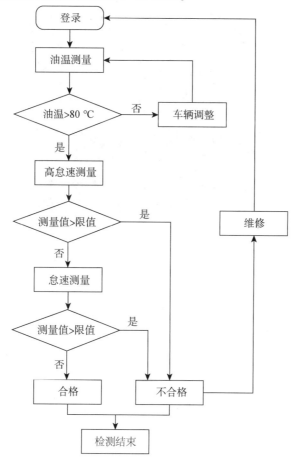

图 4-10　双怠速法排放污染物检测流程

（1）必要时在发动机上安装转速计、点火正时仪、冷却液和润滑油测温计等测量仪器。

（2）发动机由怠速工况加速至50%额定转速，维持60 s后升至高怠速工况（即70%额定转速）。

（3）发动机升至高怠速状态后，将气体分析仪取样探头插入排气管中（深度为400 mm），并固定于排气管上。

（4）先把气体分析仪指针式仪表的读数转换开关调至最高量程挡位，然后观看指针式仪表，同时将读数转换开关调至适合气体含量的量程挡位。

（5）发动机在高怠速状态下维持15 s后开始读数，读取30 s内高怠速状态下排放污染物的最高值和最低值，取平均值为高怠速排放污染物测量结果。

（6）发动机从高怠速状态降至怠速状态，在怠速状态维持15 s后开始读数，读取30 s内怠速状态下排放污染物的最高值和最低值，取平均值为怠速排放污染物测量结果。

（7）若车辆为多排气管，取各排气管测量结果的算术平均值。

（8）测量工作结束后，把取样探头从排气管中抽出来，让它吸入新鲜空气5 min，待仪表指针回到零点后关闭电源。

2. 稳态工况法排放污染物检测流程

车辆驱动轮位于底盘测功机滚筒上，将气体分析仪取样探头插入排气管中（深度为400 mm）并固定于排气管上，如图4-11所示。对独立工作的多排气管，应同时取样。

图4-11　稳态工况法排放污染物检测实况

1）ASM5025工况

车辆经预热后，加速至25 km/h，底盘测功机根据车辆基准质量自动进行加载；驾驶员控制车辆保持在（25±2）km/h等速运转，维持5 s后，系统自动开始计时（$t = 0$ s）。如果底盘测功机的速度或者转矩的连续2 s或者累计5 s超出速度或者转矩允许波动范围（实际转矩波动范围不容许超过设定值的±5%），工况计时器置0，重新开始计时。ASM5025工况时间不应超过90 s（$t = 90$ s），ASM5025工况整个测试时间不能超过145 s。

ASM5025工况计时开始10 s（$t = 10$ s）后，进入快速检查工况，气体分析仪开始采样，每1秒测量一次，并根据稀释修正系数和湿度修正系数计算10 s内的排放污染物平均值，再运行10 s（$t = 20$ s）后，ASM5025快速检查工况结束，进行快速检查判定。如果被测车辆没有通过快速检查，则车辆继续运行至90 s（$t = 90$ s），ASM5025工况结束，期间车速应控制在（25±2）km/h内。

在 0~90 s 的测量过程中，如果任意连续 10 s 内第 1 s 至第 10 s 的车速变化相对于第 1 s 小于±2 km/h，则测试结果有效。快速检查工况 10 s 内的排放污染物平均值经修正后如等于或小于排放污染物限值的 50%，则测试合格，检测结束后输出检测结果报告；否则，应继续完成整个 ASM5025 工况。如果所有排放污染物连续 10 s 的平均值经修正后均不大于标准规定的限值，则该车应被判定为 ASM5025 工况排放污染物检测合格，并打印检测合格报告。如果有一种排放污染物连续 10 s 的平均值经修正后超过限值，则应继续进行 ASM2540 工况检测。在检测过程中如果任意连续 10 s 内的任意排放污染物 10 s 的平均值经修正后高于限值的 500%，则测试不合格，输出检测结果报告并结束检测。

在上述任何情况下，检测报告上输出的测试结果数据均为测试结果的最后 10 s 经修正后的平均值。

2）ASM2540 工况

ASM5025 工况排放污染物检验不合格的车辆，需要继续进行 ASM2540 工况排放污染物检验。被测车辆在 ASM5025 工况结束后应立即运行加速至 40 km/h，底盘测功机根据车辆基准质量自动加载，车辆保持在（40±2）km/h 范围内等速运转，维持 5 s 后开始计时（$t=0$ s）。如果底盘测功机的速度或者转矩连续 2 s 或者累计 5 s 超出速度或者转矩的允许波动范围（实际转矩波动范围不容许超过设定值的±5%），工况计时器置 0，重新开始计时，ASM2540 工况时间不应超过 90 s（$t=90$ s），ASM2540 工况整个测试时间不能超过 145 s。

ASM2540 工况计时开始 10 s 后（$t=10$ s），进入快速检查工况，气体分析仪开始测量，每 1 秒测量一次，并根据稀释修正系数及湿度修正系数计算 10 s 内的排放污染物平均值，再运行 10 s（$t=20$ s）后，ASM2540 快速检查工况结束，进行快速检查判定。如果被测车辆没有通过快速检查，则车辆继续运行至 90 s（$t=90$ s），ASM2540 工况结束，期间车速应控制在（40±2）km/h 内。

在 0~90 s 的测量过程中，如果任意连续 10 s 内第 1 s 至第 10 s 的车速变化相对于第 1 s 小于±1.0 km/h，则测试结果有效。快速检查工况 10 s 内的排放平均值经修正后如等于或小于限值的 50%，则测试合格，检测结束，输出检测结果报告；否则，应继续完成整个 ASM2540 工况。如果所有排放污染物连续 10 s 的平均值经修正后均不大于标准规定的限值，则该车应判定为 ASM2540 工况排放污染物检测合格，并输出检测合格报告。如有一种排放污染物连续 10 s 的平均值经修正后超过限值，则被测车辆排放污染物检测结果不合格，应继续进行到本工况检测至结束，输出不合格检测报告。在检测过程中如果任意连续 10 s 内的任意排放污染物 10 s 的平均值经修正后高于限值的 500%，则测试不合格，输出检测结果报告，结束检测。

在上述任何情况下，检测报告上输出的测试结果数据均为测试结果的最后 10 s 经修正后的平均值。

3）检测结果数据的处理

无论车辆在上述 ASM5025 工况与 ASM2540 工况的哪个测试工况下，检测结果均取最后一次 10 s 的排放污染物平均值，需按 GB 18285—2018 中规定的公式进行检测结果计算和修正，并最终输出检测报告。

3. 瞬态工况法排放污染物检测流程

1）检测前的准备

（1）驾驶员将被测车辆驾驶到底盘测功机上，驱动轮置于滚筒上，应确保车辆横向稳定，驱动轮应干燥防滑。

（2）对车辆进行可靠限位，前轮驱动车辆在测试前应使驻车制动起作用。

（3）关闭被测车辆发动机，根据需要在发动机上安装冷却液或润滑油温度传感器等测试仪器。

（4）将气体分析仪取样探头安装到车辆排气管中，并可靠固定，注意不应明显增加排气系统的流动阻力。

（5）启动发动机。

①按照制造厂使用说明书的规定，启动发动机。如果检测前，被测车辆的发动机处于关机状态，应尽早启动，在进行瞬态排放污染物检测前，发动机应至少已连续运转30 s。

②发动机保持怠速运转40 s，在40 s终止时刻开始进行排放污染物检测循环，同时开始取样。

③排放污染物检测期间，驾驶员应根据引导装置显示的速度-时间曲线规定的速度和换挡时刻驾驶车辆。注意在底盘测功机上进行排放污染物检测期间，严禁转动方向盘。

（6）怠速。

①手动或半自动变速器。

a. 怠速期间，应接合离合器，变速器置于空挡位置。

b. 为保证车辆能够按规定循环进行加速，在排放污染物检测循环每个怠速的后期，即加速开始前5 s，断开离合器，变速器置于一挡位置。

②自动变速器。

选择挡位后，除了自动变速器所述情况或选择器可以使用超速挡以外，排放污染物检测期间不得再操作挡位选择器。

（7）加速。

①在加速工况中，应尽可能使车辆加速度保持恒定。

②如果在规定时间内未能完成加速过程，超出的时间可从工况改变的复合公差允许时间中扣除，否则应该从下一等速工况的时间内扣除。

③自动变速器。

使用自动变速器的车辆，如果在规定时间内不能完成加速过程，应按手动变速器的要求，操作挡位选择器。

（8）减速。

①在所有减速工况时间内，应完全松开加速踏板，接合离合器。当车速降至10 km/h时，断开离合器，整个减速过程中，不得进行换挡操作。

②如果减速时间比工况规定的时间长，则允许使用车辆制动器，使循环按规定的时间进行。

③如果减速时间比工况规定的时间短，应由下一个等速工况或怠速工况的时间进行补偿，使循环按规定的时间进行。

（9）等速。

①从加速工况过渡到下一等速工况时，应避免猛踏加速踏板或关闭节气门。

②应采用保持加速踏板位置不变的方法进行等速工况测试。

（10）当车速降低到0 km/h时（车辆停止在滚筒上），变速器应置于空挡位置，接合离合器。

4. 简易瞬态工况法排放污染物检测流程

(1)驾驶员将被测车辆驾驶到底盘测功机上,驱动轮置于滚筒上,应确保车辆横向稳定,驱动轮应干燥防滑,轮胎花纹间无夹杂石子等杂物。

(2)车辆应限位良好,前轮驱动车辆测试前应使驻车制动起作用。

(3)关闭被测车辆发动机,根据需要在发动机上安装润滑油温度传感器等测试仪器。

(4)将气体分析仪取样探头插入排气管中,插入深度至少为 400 mm,并固定在排气管上。注意不应明显增加排气系统流动的阻力。

(5)气体分析仪中大气 O_2 浓度的校正。

每次检测前,都应利用气体分析仪中的氧传感器测量大气中 O_2 浓度。在读数前,气体分析仪的鼓风机应该至少运行 1 min,大气中 O_2 浓度的读数应该在 20.8%±0.3% 范围内。如果气体分析仪测量的大气 O_2 浓度超出上述范围,主控计算机显示器上应该显示"警告"的字样,要求检测操作人员确认气体分析仪取样探头是否正确连接在车辆排气管上,然后主控计算机继续进行大气 O_2 浓度读数。如果再次超出读数范围,主控计算机应该自动进行环境大气检查。

(6)启动发动机。

①按照制造厂使用说明书的规定,启动汽车发动机。

②发动机保持怠速运转 40 s,在 40 s 终止时刻开始进行排放污染物检测循环,并同时开始取样。

③排放污染物检测期间,驾驶员应该根据引导装置上显示的速度-时间曲线规定的速度和换挡时刻驾驶车辆。注意在底盘测功机上进行排放污染物检测期间严格禁止转动方向盘。

(7)怠速。

①手动或半自动变速器。

a. 怠速期间,应接合离合器,变速器置于空挡位置。

b. 为保证车辆能够按循环正常加速,在排放污染物检测循环每个怠速的后期,即加速开始前 5 s,断开离合器,变速器置于一挡位置。

②自动变速器。

在测试开始时,选择挡位后,整个检测期间不得再次操作挡位选择器。但是,如果不能在规定时间内完成加速过程,可以操作挡位选择器,必要时可以使用超速挡。

(8)加速。

①在整个加速工况期间,应尽可能使车辆加速度保持恒定。

②若在规定时间内未能完成加速过程,超出的时间可从工况改变的复合公差允许时间中扣除,否则应从下一个等速工况的时间内扣除。

③手动变速器。

如果不能在规定时间内完成加速过程,应按手动变速器的要求,操作挡位选择器进行换挡。

(9)减速。

①在所有减速工况时间内,应完全松开加速踏板,接合离合器。当车速降至 10 km/h 时,断开离合器,整个减速过程中,不得进行换挡操作。

②如果减速时间比工况规定的时间长,则允许使用车辆制动器,使循环按规定的时间

进行。

③如果减速时间比工况规定的时间短，则应由下一个等速工况或怠速工况的时间进行补偿，使循环按规定的时间进行。

（10）等速。

①从加速过渡到下一等速工况时，应避免猛踩加速踏板或关闭节气门。

②应采用保持加速踏板位置不变的方法进行等速工况测试。

（11）循环终止时（车辆停止在转鼓上），变速器置于空挡位置，接合离合器，停止取样。

（12）驾驶员根据引导装置的提示，将被测车辆开出底盘测功机或者继续进行后续的检测。

三、检测标准

1. 相关说明

轻型汽车：最大总质量不超过 3 500 kg 的 M1 类、M2 类和 N1 类车辆。

重型汽车：最大总质量大于 3 500 kg 的车辆。

M1 类车辆：至少有 4 个车轮，或有 3 个车轮且厂定最大总质量超过 1 000 kg，除驾驶员座位外，乘员座位数不超过 8 个的载客车辆。

M2 类车辆：至少有 4 个车轮，或有 3 个车轮且厂定最大总质量超过 1 000 kg，除驾驶员座位外，乘员座位数超过 8 个，厂定最大总质量不超过 5 000 kg 的载客车辆。

N1 类车辆：至少有 4 个车轮，或有 3 个车轮且厂定最大总质量超过 1 000 kg，厂定最大总质量不超过 3 500 kg 的载货车辆。

单一燃料车：只能燃用一种气体燃料（LPG 或 NG）的汽车，或能燃用某种气体燃料（LPG 或 NG）和汽油，但汽油仅限于紧急情况或发动机启动用，且汽油箱容积不超过 15 L 的车辆。

混合动力电动汽车：能够至少从两类车载储存能量装置——可消耗的燃料或可再充电能/能量储存装置中获得动力的汽车。

两用燃料汽车：既能燃用汽油又能燃用一种气体燃料，但不能同时燃用两种燃料的汽车。

2. 检测标准

1）双怠速法排放污染物排放限值

双怠速排放污染物检测结果应小于表 4-5 中规定的排放限值。

表 4-5　双怠速法排放污染物排放限值

类别	怠速		高怠速	
	CO/%	HC[①]/10^{-6}	CO/%	HC[①]/10^{-6}
限值 a	0.6	80	0.3	50
限值 b	0.4	40	0.3	30
注：①对于以天然气为燃料的点燃式发动机汽车，该项目为推荐性要求。				

排放检测的同时，应进行过量空气系数 α 的测定。发动机在高怠速工况时，α 应为 1.00±0.05，或者在制造厂规定的范围。

2）稳态工况法排放污染物排放限值

稳态工况法排放污染物检测结果应小于表 4-6 规定的排放限值。

表 4-6　稳态工况法排放污染物排放限值

类别	ASM5025			ASM2540		
	CO/%	HC[①]/10^{-6}	NO/10^{-6}	CO/%	HC[①]/10^{-6}	NO/10^{-6}
限值 a	0.50	90	700	0.40	80	650
限值 b	0.35	47	420	0.30	44	390

注：①对于以天然气为燃料的点燃式发动机汽车，该项目为推荐性要求。

同时，应进行过量空气系数 α 的测定。

3）瞬态工况法排放污染物排放限值

瞬态工况法排放污染物检测结果应小于表 4-7 规定的排放限值。

表 4-7　瞬态工况法排放污染物排放限值

类别	CO/$(g \cdot km^{-1})$	HC+NO$_x$/$(g \cdot km^{-1})$
限值 a	3.5	1.5
限值 b	2.8	1.2

同时，应进行过量空气系数 α 的测定。

4）简易瞬态工况法排放污染物排放限值

简易瞬态工况法排放污染物检测结果应小于表 4-8 规定的排放限值。

表 4-8　简易瞬态工况法排放污染物排放限值

类别	CO/$(g \cdot km^{-1})$	HC[①]/$(g \cdot km^{-1})$	NO$_x$/$(g \cdot km^{-1})$
限值 a	8.0	1.6	1.3
限值 b	5.0	1.0	0.7

注：①对于以天然气为燃料的点燃式发动机汽车，该项目为推荐性要求。

同时，应进行过量空气系数 α 的测定。

3. 结果判定

（1）如果检测结果中任何一项污染物不满足限值要求，判定车辆排放检测不合格。

（2）如果双怠速法过量空气系数超出表 4-5 中要求的控制范围，也判定车辆排放检测结果不合格。

（3）2011 年 7 月 1 日以后生产的轻型汽车，以及 2013 年 7 月 1 日以后生产的重型汽车，如果车载诊断系统（on-board diagnosis，OBD）检测不合格，判定排放检测结果不合格。

（4）检测完毕后，应签发机动车环保检测报告。表 4-9 所示为在用汽油车排放污染物检测报告单（篇幅所限，表 4-9 仅列出了排放污染物具体检测内容，其他检测项目具体内容参见 GB 18285—2018）。

（5）排放检测过程中，禁止使用降低排放控制装置功效的失效策略，所有针对污染控制装置的篡改都属于排放检测不合格。

表4-9 在用汽油车排放污染物检测报告单

报告编号： 　　　　　　　　　　　　检测日期：

基本信息
检测机构名称：

外观检测			
外观检测结果	□合格　　□不合格		检验员：

OBD 检测			
OBD 检测结果	□合格　　□不合格		检验员：

排放污染物检测
检测方法　　□双怠速　　□稳态工况法　　□瞬态工况法　　□简易瞬态工况法

检验结果内容①						
排气污染物检测	双怠速法					
		过量空气系数 α	低怠速		高怠速	
			CO/%	HC/10^{-6}	CO/%	HC/10^{-6}
	实测值					
	限值					
	瞬态工况法					
		CO/(g·km^{-1})			HC+NO$_x$(g·km^{-1})	
	实测值					
	限值					
	简易瞬态工况法					
		HC/(g·km^{-1})		CO/(g·km^{-1})	NO/(g·km^{-1})	
	实测值					
	限值					
	稳态工况法					
		ASM5025			ASM2540	
		HC/10^{-6}	CO/%	NO/10^{-6}	HC/10^{-6}　CO/%　NO/10^{-6}	
	实测值					
	限值					
	结果判定	□合格　　□不合格				
	检验员：					
燃油蒸发测试	进油口测试	□合格　　□不合格		油箱盖测试	□合格　□不合格	
	结果判定	□合格　　□不合格		检验员：		
排放污染物检测结果	□合格　　□不合格					
授权签字人						
批准人				单位盖章		
注：①污染物检测结果为负数或者零时，应记录为"未检出"。						

四、检测结果分析

1. 废气检测值与发动机故障的关系

不同工况下废气排放浓度值的范围如表 4-10 所示。废气检测值与发动机系统故障的关系如表 4-11 所示。

表 4-10 不同工况下废气排放浓度值的范围

转速	CO/%	HC/10^{-6}	CO_2/%	O_2/%
息速	0.5~3	0~250	13~15	1~2
1 500r/ min, 空负荷	0~2.0	0~200	—	1~2
2 500r/ min, 空负荷	0~1.5	0~1 500	13~15	1~2

表 4-11 废气检测值与发动机系统故障的关系

CO	HC	CO_2	O_2	故障原因
低	很高	低	低	间歇性失火
低	很高	低	低	气缸压力
很高	很高/高	低	低	混合气浓
很高	很高/高	低	很高/高	混合气稀
高	低	正常	正常	点火太迟
低	高	正常	正常	点火太早
变化	变化	低	正常	排气再循环(exhaust gas recirculation，EGR)阀漏气
很低	很低	很低	很高	空气喷射系统
低	低	低	高	排气管漏气

2. 空燃比对废气排放的影响

空燃比即混合气中空气和燃料的质量之比，其以 14.7：1(理论空燃比)为中心在 12.5：1~16.1：1 的范围内变化。16.1：1 是经济空燃比，12.5：1 是最大功率空燃比。

1)空燃比与 CO

当空燃比小于 14.7：1 时(混合气浓度大)，空气量不足，会引起不完全燃烧，CO 的排放量增大。

2)空燃比与 HC

HC 与空燃比没有直接关系。生成 HC 的主要原因是在燃烧室内壁温度较低的冷却面附近形成过冷区，达不到燃烧温度，火焰消失；电火花微弱，根本不能点燃混合气，导致所谓的缺火现象；在进、排气门重叠时漏气等。因此，当空燃比小于 16.1：1 时，混合气浓度越大，HC 的排放量越大。而当空燃比大于 16.1：1 时，由于燃料成分过少，用通常的燃烧方法不能正常点火，产生缺火，所以未燃烧的 HC 大量排出。

3)空燃比与 NO_x

NO_x 是可燃混合气中空气的 N_2 和 O_2 在燃烧室内通过高温、高压化合反应而成的。因此，在混合气空燃比在15.5∶1附近、燃烧效率最高时，NO_x的生成量达到最大；在混合气空燃比高于或低于此值时，NO_x的生成量会减小。

4）空燃比与CO_2

CO_2是燃烧的必然产物，其排放量取决于影响燃烧效率的因素，包括空燃比。当空燃比接近理论空燃比（14.7∶1）时，燃烧越完全，CO_2排放量越大，最大值在13.5%~14.8%。

5）空燃比与O_2

O_2排放量是一个很好的空燃比指示值，当混合气浓度大时，O_2排放量较小；当混合气浓度小时，O_2排放量较大。

3. CO_2+CO 排放量分析空燃比

CO_2+CO 排放量与空燃比的对照如表4-12所示。

表4-12　CO_2+CO 排放量与空燃比的对照

空燃比	16∶1	15.5∶1	15∶1	14.7∶1	14.2∶1	13.7∶1	13∶1	12.5∶1
CO_2+CO 排放量/%	13.5	14.0	14.5	14.7	15	15.5	16	16.5

4. 点火提前角对废气排放的影响

1）点火提前角与CO

点火提前角对CO排放量没有较大影响，如果过度推迟点火，则会使CO没有时间完全氧化而引起CO排放量增加，但适度推迟点火可减小CO排放量。实际上，当推迟点火时间时，为了维持发动机输出功率不变，需要开大节气门，这时CO排放量明显增大。

2）点火提前角与HC

当点火推迟时，HC排放量减小，主要是因为升高排气温度，促进了CO和HC氧化，而且燃烧时降低了气缸的面容比，燃烧室内的过冷面积变小了，使HC排放量减小。采用推迟点火来降低HC排放量，是以牺牲燃油经济性为代价的，因此得不偿失。

3）点火提前角与NO_x

在任何负荷和转速下，加大点火提前角均使NO_x排放量增大，这是因为点火时间提前时燃烧温度升高。因此，从降低NO_x排放量的角度出发，可以采用减小点火提前角，降低循环温度，使用空燃比比理论空燃大或小的混合气的办法。然而，降低循环温度将导致发动机热效率降低。

5. 排气检测参数中的数据分析

在通常情况下，如果燃烧室中没有足够的空气（O_2）保证燃烧，CO_2的读数和CO、O_2的读数不同，燃烧越完全，CO_2的读数越高，最大值在13.5%~14.8%，此时CO的读数非常接近0%。通常，装有催化转化器的汽车，O_2的读数为1.0%~2.0%，说明发动机燃烧较好，只有少量未燃烧的O_2通过气缸。当O_2的读数小于1.0%时，说明混合气浓度大，不利于完全燃烧；当O_2的读数超过2.0%时，说明混合气浓度小，燃油滤清器堵塞、燃油压力低、喷油器阻塞、真空系统漏气及EGR阀泄漏等，均有可能导致缺火现象。

第四节　柴油车排放污染物的检测基本理论

根据 GB 3847—2018《柴油车污染物排放限值及测量方法(自由加速法及加载减速法)》规定,对于柴油机汽车,目前选用自由加速法和加载减速法检测排放污染物。

检测项目可在综合性能检测线上进行。一些检测站将此项目置于环保检测线上进行。

一、柴油车排放污染物的成因

1. CO 和 HC 的成因

从总体来看,由于柴油机负荷调节方法采用定量质调节的方法,其混合气的平均浓度要比汽油机低得多,在高负荷区,其平均过量空气系数远大于1,所以柴油机总有足够的氧气对已生成的 CO 和 HC 进行氧化,柴油机的 CO 和 HC 排放量比汽油机小得多。从排放污染物形成的过程来看,柴油车 CO 和 HC 的具体生成原因与汽油车有所不同。

1)CO 的成因

柴油机中 CO 主要来源于喷注中浓度较大部分的不完全燃烧。只有在较低负荷、较低温度及高负荷喷油过程,高压油管内燃油波动造成的二次喷射和喷油器滴油等非正常喷射的情况下,才会出现较大的 CO 排放量,即 CO 排放量随过量空气系数的变化呈现开始及结束大、中间小的特点。

2)HC 的成因

在柴油机稳定运转条件下,HC 的形成主要由以下两个原因。

(1)滞燃期中,处于喷注前缘的混合气,其浓度远低于燃烧极限而无法着火,一部分混合气在缸内未燃烧而排出。滞燃期越长,喷油量越大,低浓度的混合气越多,导致 HC 排放量增大。

(2)喷油过程中,混合气混合不良导致 HC 排放量增大,最主要的原因是燃油的喷射期过长。总体来看,柴油机低负荷时,混合气浓度低,缸内温度低,因此 HC 排放量随负荷的减小而增大。

2. NO$_x$ 的成因

NO$_x$ 生成的条件是高温、富氧和较长作用时间,这和汽油车一样。但是,由于柴油机在点火燃烧方式与汽油机不同,所以 NO$_x$ 排放量占总排放量的比例比汽油机 NO$_x$ 排放量占比大。

在燃烧过程中,产生 NO$_x$ 的区段有滞燃期的稀燃火焰区和缓燃期的扩散燃烧区。降低燃烧过程中这两个时期的喷油率,降低混合气的生成速率,推迟整个喷油时间或者缩短滞燃期,都可以抑制产生过量的 NO$_x$。但是,这样做必然会拉长燃烧过程,从而造成燃油消耗率的上升和微粒排放量的增加,导致柴油机性能综合选择和参数匹配中一个较主要的矛盾。总体来看,柴油机 NO$_x$ 排放量将随负荷的减少(即混合气浓度变小、温度降低)而降低。但是,低负荷时柴油机 NO$_x$ 排放量比汽油机 NO$_x$ 排放量高得多,原因在于汽油机由于采用了电控汽油喷射式点火和三元催化转化装置,在一定程度上限制了氧浓度,使采用闭环控制的部分发动机 NO_x 排放量降到了可以接受的水平。

3. 微粒的成因

与汽油车相比，柴油车的微粒排放量要多几十倍。碳烟(微粒中的主要成分)以及部分微粒成分被认为是致癌物质，使微粒排放量成为柴油机最引人注目的排放问题。

目前，柴油车的微粒的生成原因还未完全研究清楚，一般认为，燃烧过程中一段时间高温和局部存在浓度大的混合气，是微粒产生的必要条件。

混合气浓度越大，其中碳成分越多。柴油机喷注时，混合气浓度由芯部浓度大到前缘浓度，在空气混合后由于浓度不均而在浓度大的区域产生自由碳。由于柴油机总体混合气浓度偏小，浓度大的区域生成的自由碳在后续的过程中是否会被富余的空气氧化，涉及燃料裂解成碳和燃料氧化二者之间的总体平衡问题。

目前，业界的看法是，柴油机微粒主要生成在缓燃期的扩散燃烧区和后燃期，以及由于二次喷射和喷油器滴漏而产生的微粒。

4. 行车工况与排气污染物的形成

1)调速器的特性曲线

图 4-12 所示为全程式调速器和两极式调速器在不同加速踏板位置时的特性曲线。从图 4-12 中可以看出，全程式调速器在加速踏板位置由小到大时，转矩的急剧变化段(调速段)也由低速转到高速，表明每一个踏板位置对应一个较窄的工作转速范围；而两极式调速器的每一个踏板位置只在高、低速进行调速，中速段的转矩值则随踏板位置加大而加大。

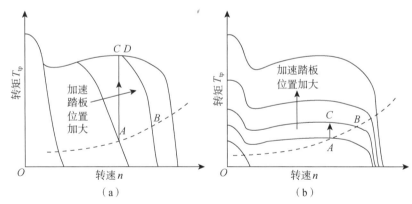

图 4-12 全程式调速器和两极式调速器在不同加速踏板位置时的特性曲线
(a)全程调速器特性曲线；(b)两极式调速器特性曲线

柴油车在路面上稳定行驶时，车辆承受的各种阻力可表示为一条作用于发动机的阻力矩曲线，如图 4-12 中的虚线所示。此阻力矩曲线与某一踏板位置转矩曲线的交点就是该位置时的稳定运转转速或速度。

假设柴油机先稳定在图 4-12 所示较小加速踏板位置时的点 A 运行，当要加速到较高车速的点 B 时，必然加大踏板位置，增加油量，并经历一个过渡过程。这个过程并非图 4-12 中直接沿阻力矩线由点 A 到点 B，而是沿转矩线进行转移。

对于全程式调速器，踩下加速踏板，点 *A* 迅速转移到新的踏板位置，即特性曲线的点 *C*，再沿点 *D* 变到点 *B*。这一过程要经过全负荷加油的 *CD* 段。

对于两极式调速器，这个转移过程为 *A*→*C*→*B*。

比较这两种情况，全程式调速器加速迅猛，过大的油量往往造成过高的碳烟、HC、CO 排放量。特别是瞬间加速到新工况，缸内温度及冷却液温度、润滑油温度等状态均未达到稳定值，有害物排放量增多，有时会比同类稳定工况高 6 倍以上。两极式调速器则加速平缓，有害物排放量的增加会少得多。但是，若要追求加速性，则猛踩加速踏板再回缩，其效果与全程式调速器相同。

由此可知，柴油机加速过程有害物排放量的加大程度，与转矩变化模式和驾驶员的控制方法都有很密切的关系。而其减速过程因为是相反地减小供油量，所以污染物排放量会大幅下降。当废气涡轮增压柴油机加速时，由于增压器转子的惯性，所以转速上升有一个过程，充气量赶不上喷油量的增加，使混合气过浓而碳烟及 HC 等排放量大幅增加，从而形成加速冒烟。

2）冷起动过程对排放量的影响

冷起动时，气缸内压缩温度很低，燃油雾化条件很差，一部分会附着于燃烧室壁面，初期会以未燃 HC "白烟" 的形式排出机外。由于起动时雾化程度低，直喷柴油机一般要加大 50% ~ 100% 的起动油量，因此碳烟、HC 及 CO 等的排放量必然增多。只有经过一段时间的暖机以后，才会逐渐恢复正常。可见，起动控制策略（指加浓量、转速和温升的配合）对有害物排放量和使用油耗等都有较大的影响。

二、检测项目

汽车环保检测项目见表 4-13。

表 4-13　汽车环保检测项目

检测项目	新生产汽车下线	进口车入境	注册登记①	在用汽车②
外观检测（含对污染控制装置的检查和环保信息随车清单核查）	进行	进行	进行	进行②
OBD 检测	进行	进行	进行	进行③
排气污染物检测	抽测	抽测④	进行	进行⑤

注：①符合免检规定的车辆，按照免检相关规定进行。
　　②查验污染控制装置是否完好。
　　③适用于装有 OBD 的车辆。
　　④混合动力汽车的排气污染物抽测应在最大燃料消耗模式下进行。
　　⑤变更登记、转移登记检验按有关规定进行。

三、在用车检测流程

在用汽车检测项目按照表 4-13 规定进行，检测前应进行环保联网核查，查验车辆有无环保违规记录，并按规定报送信息。检验流程如图4-13所示。

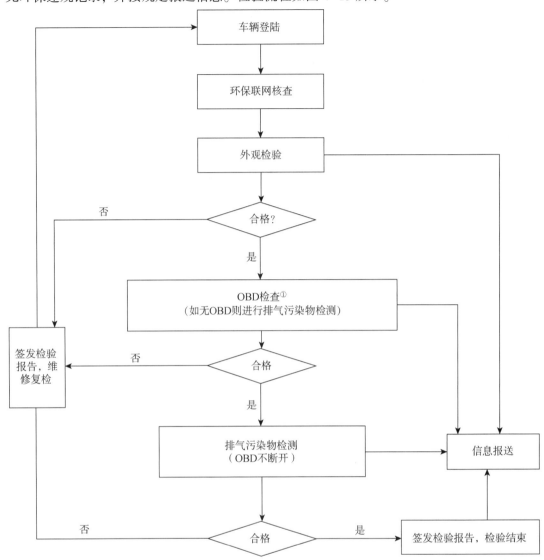

图4-13 在用车环保检验流程

注：①进行OBD检测时，要按照GB 3847—2018规定进行。

四、柴油车排放污染物的限值及结果判定

1. 排放污染物的限值

GB 3847—2018自2019年5月1日起实施，适用于新生产柴油汽车下线检测、注册登记检测和在用汽车检测，并增加规定了柴油车外观检测、OBD检测的方法和判定依据、NO_x排放限值及测量方法，并调整了烟度排放限值。在用汽车和注册登记排放污染物排放限值如表4-14所示。

如果为混合动力电动汽车，有手动选择行驶模式功能的应切换到最大燃料消耗模式进行检测，如无最大燃料消耗模式，则切换到混合动力模式进行检测，在检测过程中若发动机自动熄火并切换到纯电模式，无须中止检测，应进行至检测结束。

进行具体检测时，其检测结果应小于表 4-14 规定的排放限值。

表 4-14   在用汽车和注册登记排放污染物排放限值

类别	自由加速法	加载减速法		林格曼黑度法
	光吸收系数（m⁻¹）或 不透光度（%）	光吸收系数（m⁻¹）或 不透光度（%）①	氮氧化物/（×10⁻⁶）②	林格曼黑度（级）
限值 a	1.2（40）	1.2（40）	1 500	1
限值 b	0.7（26）	0.7（26）	900	

注：①海拔高度高于 1 500 m 的地区，加载减速法限值可以按照每增加 1 000 m 增加 0.25 m 幅度调整，总调整不得超过 0.75 m⁻¹。

②2020 年 7 月 1 日前，限值 b 过渡限值为 1 200×10⁻⁶。

2. 结果判定

（1）如果污染物检测结果中有任何一项不满足限值要求，则判定排放检验不合格。

（2）如果车辆排放有明显可见烟度或烟度值超过林格曼 1 级，则判定排放检验不合格。

（3）加载减速法功率扫描过程中，经修正的轮边功率测量结果不得低于制造厂规定的发动机额定功率的 40%，否则判定检验结果不合格。

（4）对 2018 年 1 月 1 日以后生产车辆，如果 OBD 检验不合格，也判定排放检验不合格。

（5）检验完毕后，应签发机动车环保检验报告。

（6）禁止使用降低排放控制装置功效的失效策略。所有针对污染控制装置的篡改都属于排放检验不合格。

五、烟度计的分类、结构与工作原理

烟度计是用来检测柴油发动机排出的废气中碳烟含量的仪器。废气中碳颗粒含量是判断汽车尾气排放是否满足国家标准的一项重要指标。

1. 烟度计的分类

按照检测原理，烟度计可分为 3 类，即反射式烟度计、透射式烟度计、林格曼烟度计。

（1）反射式烟度计：即滤纸式烟度计，是用来检测一定时间、一定体积的汽车废气透过特定的滤纸后，其中的碳烟滞留在滤纸上量的多少的仪器。滤纸式烟度计的单位表示为 Rb，即波许单位，也有用滤纸烟度单位（BSU/FSU）来表示滤纸式烟度计的单位。受检测原理的限制，滤纸式烟度计并不能对蓝烟和白烟进行检测，因此滤纸式烟度计不能够完全真实地反映出汽车尾气排放状态。国家环境保护总局与国家质量监督检验检疫总局于 2005 年 5 月联合颁布开始实施新的国家标准，采用更为合理的透射式烟度计作为检测汽车尾气排放的仪器。

（2）透射式烟度计：也称为不透光烟度计，是通过测量光衰减量来反映汽车尾气排放的一种仪器。其原理是基于朗伯-比尔定律（Lambert-Beer Law）。不透光烟度计不仅可以检测黑烟，也可以检测蓝烟和白烟，所以不透光光烟度计是目前应用最为广泛一种检测烟度的仪器。不透光烟度计一般由取样探头、检测部件、控制系统和显示仪表等组成。

（3）林格曼烟度计：将排气污染物的颜色与林格曼烟气黑度图对比得到排放烟度。把林格曼烟气黑度图放置在一定位置，通过目测对比排气污染物与相应级别的林格曼烟气黑度图颜色的一致性，以确定烟度。标准色纸的烟度分为6级，0级为全白，1级为20%黑色，2级为40%黑色，3级为60%黑色，4级为80%黑色，5级为全黑。用该方法检测烟度，常配备有林格曼烟气黑度图、测烟望远镜等。

2. 烟度计的特点

3种检测原理的烟度计的优缺点及应用场合如表4-15所示。

表4-15　3种检测原理的烟度计的优缺点及应用场合

检测原理	优点	缺点	应用场合
滤纸式烟度计	结构简单，操作方便，成本低	不能检测排气中的蓝烟、白烟，不能对瞬态工况进行连续的检测。检测的准确性受到滤纸品质的影响	工况较稳定条件下检测烟度
不透光烟度计	可检测排气蓝烟、白烟、黑烟，检测准确	结构复杂，光学系统容易污染、成本高	稳定工况或非稳定工况条件下检测烟度，瞬时或连续检测烟度
林格曼烟度计	方法简单、成本低，能够快速检测	不能检测排气中的蓝烟、白烟，其准确度受到检测设备、气象条件、烟气本身颜色、检测人员视觉判断力和工况条件等相关因素的影响	在比较均匀的天空光照下、连续检测烟度

由于滤纸式烟度计具有不能检测蓝烟和白烟，检测的准确性受到滤纸品质的影响，不能对瞬态工况进行连续检测等缺点，因此我国规定2001年10月1日以前生产的柴油车使用滤纸式烟度计检测，2001年10月1日以后生产的柴油车使用分流式不透光烟度计进行检测。

林格曼烟度计具有方法简单、成本低、快速检测等优点。不透光烟度计由于检测准确，适用于瞬时或连续检测烟度。因此，这两种烟度计得到广泛应用。

GB 36886—2018《非道路移动柴油机械排气烟度限值及测量方法》、GB 3847—2018《柴油车污染物排放限值及测量方法（自由加速法及加载减速法）》中规定了两种烟度检测方法，即不透光烟度法和林格曼烟度法。

3. 不透光烟度计的结构与原理

不透光式烟度计是一种利用透光衰减率来检测排气烟度的典型仪器，如图4-14所示。

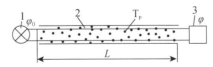

1—光源；2—烟度检测管；3—光敏元件；T_p—排气。

图4-14　不透光式烟度计

不透光式烟度计的主要元件有光源、充满排气并有一定长度的烟度检测管及放置在光源对面将透光信号转变成电信号的光敏元件。光敏元件的输出电压与排气所造成的光强度衰减成正比。

通常，不透光烟度计测得的不透光度（即烟度）N 用百分比表示，即

$$N = (1 - \frac{\varphi}{\varphi_0}) \times 100\% \qquad (4-1)$$

式中 φ ——有烟时的光强度；

φ_0 ——无烟时的光强度。

光吸收系数 k 与不透光度 N 之间的关系为

$$k = (-\frac{1}{L})\ln(1 - N) \qquad (4-2)$$

式中，可以认为 k 值与碳烟的质量浓度成正比。

根据流过光通道排气量的不同，不透光烟度计分为全流式不透光烟度计（全部排气流过光通道）和分流式不透光烟度计（部分排气流过光通道），如图 4-15 所示。

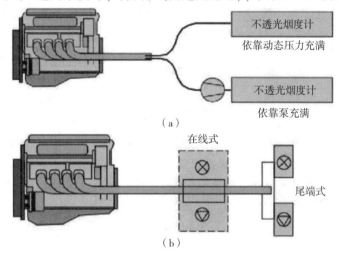

图 4-15 不透光式烟度计的分类

(a)分流式；(b)全流式

全流式不透光烟度计根据美国排放法规要求而研制，代表型号有美国国家环保局推荐的 PHS 全流式不透光烟度计。它的工作原理如图 4-16 所示。

图 4-16 全流式不透光烟度计的工作原理

分流式不透光烟度计是将排气中一部分烟气引入测量烟气取样管，从而送入烟度计进

行连续分析。

此外，还有一种便携式不透光烟度计，可直接插入排气管尾部或中部接口，安装及使用都较方便，适用于现场检测。图 4-17 所示为某款国产便携式不透光烟度计。

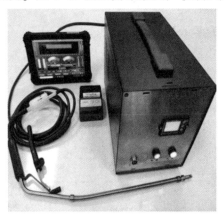

图 4-17　某款国产便携式不透光烟度计

近些年，为了解决不透光烟度计光学系统容易污染的问题，有研究者采用文丘里喷嘴形成稳定的空气流，把检测单元与尾气隔离开，既能使光学系统免遭排烟的污染，又能保证检测尾气的光程保持不变。为了防止检测室受温度波动影响，检测室外部包裹隔温材料，内部采用加热棒或帕尔贴进行恒温加热控制，这样就避免了检测精度受温度波动影响。为了克服长时间高温测试对取样管有影响的问题，取样探头采用不锈钢结构，有效解决了这一问题。为了节省人力和时间，开发了全自动烟度计，采用电动抽气系统，内部采用微机控制，自动进行走纸、测量、复位和清洗等检测过程，自动显示测量值，抽气量更准确，性能可靠。

4. 林格曼烟度计的结构与原理

林格曼烟度计在机动车污染控制领域的使用发展较晚，在借鉴工业源检测上的一些原有方法的同时，结合信息和图像技术，产生了新的检测方法，即光电测烟仪法、基于视频拍摄的遥感检测法。光电测烟仪是半自动化的林格曼黑度测量仪器，该仪器利用光学系统搜集烟的图像，把烟的透光率和仪器内部的标准黑度板透光率进行比较，通过光学系统处理，把光信号变成电信号输出，从而显示烟气的黑度。图 4-18 所示为某款国产光电测烟仪。

图 4-18　某款国产光电测烟仪

光电测烟仪测量比较客观、准确，但不能在多云、大风或雨雾天检测。基于视频拍摄的遥感检测法，是将图像识别技术应用在环境监测上，通过安装在道路及路口的摄像头抓取图像，通过建立数学模型，把汽车尾气从图像中分离出来，再将尾气灰度与预设的林格曼标准图谱比对，从而快速检测出尾气的黑度值。利用此项技术能够准确、快捷地对"黑烟车"进行识别，大幅降低了检测人员的劳动强度，提高了检测效率。

第五节　柴油车排放污染物的检测方法

一、检测设备的组成

柴油机排放污染物的检测设备主要包括底盘测功机、不透光烟度计、NO_x分析仪和发动机转速传感器等，并应具有中央控制系统进行集中控制。因篇幅所限上述仪器设备需要具备的功能性要求，参见 GB 3847—2018 相关内容，这里不再赘述。

二、在用汽车自由加速法检测

1. 检测条件

(1)检测应针对整车进行。

(2)检测前车辆发动机不应停机，或长时间怠速运转。

(3)不透光烟度计及其安装应符合标准规定。

(4)检测时应采用符合国家标准的车用燃料，可以直接使用车辆油箱中的燃料进行测试。

2. 车辆准备

(1)车辆在不进行预处理的情况下也可以进行自由加速烟度检测。但是，出于安全考虑，检测前应确保发动机处于热状态，并且机械状态良好。

(2)发动机应充分预热，例如，在发动机机油标尺孔位置测得的机油温度至少为 80 ℃。如果由于车辆结构限制无法进行发动机机油温度测量时，可以通过其他方法判断发动机温度是否处于正常运转温度范围内。

(3)在正式进行排放检测前，应采用 3 次自由加速过程或其他等效方法吹拂排气系统，以清扫排气系统中的残留污染物。

3. 检测方法

(1)通过目测进行车辆排气系统相关部件泄漏检查。排气取样探头插入汽车排气管中至少 400 mm，如不能保证此插入深度，应使用延长管。

(2)在每个自由加速循环的开始点，发动机(包括废气涡轮增压发动机)均应处于怠速状态，对重型车用发动机，将加速踏板放开后至少等待 10 s。

(3)在进行自由加速检测时，必须在 1 s 的时间内，将加速踏板连续完全踩到底，使供油系统在最短时间内达到最大供油量。

(4)对每个自由加速检测，在松开加速踏板前，发动机应达到额定转速。

在检测过程中应监测发动机转速检查是否符合检测要求(特殊无法测得发动机转速的车辆除外)，并将发动机转速数据实时记录并上报。

（5）检测过程应重复进行 3 次自由加速过程，烟度计应记录每次自由加速过程的最大值，应将上述 3 次自由加速烟度最大值的算术平均值作为检测结果。

三、在用汽车加载减速法检测

1. 车辆准备

1）对车辆及发动机的要求

检测前应该对车辆的技术状况进行检查，以确定待检车辆是否能够进行后续的排放检测，对车辆的预检要求按照 GB 3847—2018 进行。待检车辆放在底盘测功机上，按照规定的加载减速检测程序，检测最大轮边功率和相对应的发动机转速和转鼓表面线速度（VelMaxHP），并检测 VelMaxHP 点和 80% VelMaxHP 点的排气光吸收系数 k 及 80% VelMaxHP 点的 NO_x 排放量。排气光吸收系数检测应采用分流式不透光烟度计。

加载减速过程中经修正的轮边功率测量结果不得低于制造厂规定的发动机额定功率的 40%，否则判定为检测结果不合格。

2）检测用燃料

被检测车辆应采用符合国家标准的市售车用柴油，实际检测时，不应更换油箱中的燃料。

3）车辆预检要求

在检测时，如果发现受检车辆的车况太差，不适合进行加载减速法检测，应对车辆进行维修后才能进行检测。

对紧密型多驱动轴车辆，或全时四轮驱动车辆等不能按加载减速法进行检测的车辆可按自由加速法进行检测，其他装用压燃式发动机的在用汽车应按加载减速法进行检测。

检测过程中如果发动机出现故障，使检测工作中止，必须待排除故障后重新进行检测。

2. 检测相关设备检查与准备

排放检测由三部分组成：第一部分是对车辆进行预先检查，以检查受检车辆与车辆行驶证是否一致，以及进行排放检测的安全性检查；第二部分是检查检测系统和车辆状况是否适合进行检测；第三部分则是进行排放检测，由主控计算机系统控制自动进行排放检测，以保证检测过程的一致性和检测结果的可靠性。

每条检测线至少应设置 3 个岗位：一是计算机操作岗位；二是受检车辆驾驶员岗位；三是辅助检查岗位。各岗位人员均应随时注意受检车辆在检测过程中是否出现异常情况。

1）预先检查

（1）待检车辆完成检测登记后，检测员应将车辆驾驶到底盘测功机前等待检测，并按 GB 3847—2018 规定的程序进行车辆的预先检查。预先检查的目的是核实受检车辆和车辆行驶证是否相符，并评估车辆的状况是否能够进行加载减速检测。

（2）在将车辆驾驶上底盘测功机前，检测员还应对受检车辆进行以下调整。

①中断车上所有主动型制动功能和转矩控制功能（自动缓速器除外）。对无法中断车上主动型制动功能和转矩控制功能的车辆，可采用自由加速法进行检测。

②关闭车上所有以发动机为动力的附加设备，如空调系统，并切断其动力传递机构

（如果适用）。

③除检测员外，受检车辆不能载客，也不能装载货物，不得有附加的动力装置。必要时，可以用测试驱动桥质量的方法来判断底盘测功机是否能够承受待检车辆驱动桥的质量。

在检测准备工作中，对非全时四轮驱动车辆应根据车辆的驱动类型选择驱动方式；对紧密型多驱动轴的车辆或全时四轮驱动车辆等，不能进行加载减速检测，应进行自由加速检测。

2）检测系统检查

（1）检测系统检查的目的是判断底盘测功机是否能够满足待检车辆的功率要求，同时检查检测系统的工作状态是否正常。

（2）如果待检车辆通过了规定的预检程序，检测员应按以下步骤将待检车辆驾驶到底盘测功机上。

①举起底盘测功机升降板，并检查是否已将转鼓牢固锁好。

②小心将车辆驾驶到底盘测功机上，并将驱动轮置于转鼓中央位置。

注意：除底盘测功机允许双向操作外，一定要按测功机的规定方向驶入，否则有可能损坏底盘测功机。当驱动轮位于转鼓鼓面上时，严禁使用倒挡。

③放下底盘测功机升降板，松开转鼓制动器，待完全放下升降板后，缓慢驾驶使受检车辆的车轮与试验转鼓完全吻合。

④轻踩制动踏板使车轮停止转动，发动机熄火。

⑤按照底盘测功机设备商的建议将受检车辆的非驱动轮楔住，固定车辆安全限位装置。对前轮驱动的车辆，应有防侧滑措施。

⑥应为受检车辆配备辅助冷却风扇，揭开机动车的动力舱盖板，保证冷却空气流通顺畅，以防止发动机过热。

3）检测准备

（1）安装好发动机转速传感器，测量发动机曲轴转速。

（2）选择合适的挡位，使加速踏板在最大位置时，受检车辆的最高车速最接近70 km/h。

（3）由主控计算机判断底盘测功机是否能够吸收受检车辆的最大功率，如果车辆的最大功率超过了底盘测功机的功率吸收范围，不能在该底盘测功机上进行加载减速检测。

3. 排气检测

如果受检车辆顺利通过了上述规定的检测，应继续进行下述加载减速检测。

1）检测前的最后检查和准备

（1）在开始检测以前，检测员应检查试验通信系统工作是否正常。

（2）在车辆散热器前方1 m左右处放置强制冷却风机，以保证车辆在检测过程中发动机冷却系统能有效地工作。

（3）除检测员外，在检测过程中，其他人员不得在现场逗留。车辆安置到位，将底盘测功机举升机放下后应对车辆进行低速运行检测，确保车辆运行处于稳定状态。

（4）发动机应充分预热，如在发动机机油标尺孔位置测得的机油温度应至少为80 ℃。因车辆结构无法进行温度测量时，可以通过其他方法使发动机处于正常运转温度。若传动系统处于冷车状态，应在底盘测功机无加载状态下低中速运行车辆，使车辆的传动部件达到正常工作温度。

（5）发动机熄火，变速器置空挡，将不透光烟度计的采样探头置于大气中，检查不透光烟度计的零刻度和满刻度。检查完毕后，将采样探头插入受检车辆的排气管中，注意连接好不透光烟度计，采样探头的插入深度不得低于 400 mm。不应使用尺寸太大的采样探头，以免对受检车辆的排气背压影响过大，影响输出功率。在检测过程中，应将采样气体的温度和压力控制在规定的范围内，必要时可对采样管进行适当冷却，但要注意不能使测量室内出现冷凝现象。

2）检测步骤

（1）正式开始检测前，检测员应按以下步骤操作，以使控制系统能够获得自动检测所需的初始数据。

①起动发动机，变速器置空挡，逐渐加大加速踏板开度直到达到最大，并保持在最大开度状态，记录这时发动机的最大转速，然后松开加速踏板，使发动机回到怠速状态。

②使用前进挡驱动被检车辆，选择合适的挡位，使加速踏板处于全开位置时，底盘测功机指示的车速最接近 70 km/h，但不能超过 100 km/h。对装有自动变速器的车辆，应注意不要在超速挡下进行检测。

（2）计算机对按上述步骤获得的数据自动进行分析，判断是否可以继续进行后续的检测，被判定为不适合检测的车辆不允许进行加载减速检测。

（3）在确认机动车可以进行排放检测后，将底盘测功机切换到自动检测状态。

①加载减速检测的过程必须完全自动化，具体要求按照 GB 3847—2018 规定执行。在整个检测循环中，均由计算机控制系统自动完成对底盘测功机加载减速过程的控制。

②自动控制系统采集两组检测状态下的检测数据，以判定受检车辆的排气光吸收系数 k 和 NO_x 排放量是否达标，两组数据分别在 VelMaxHP 点和 80%VelMaxHP 点获得。

③上述两组检测数据包括轮边功率、发动机转速、排气光吸收系数 k 和 NO_x 排放量，必须将不同工况点的测量结果都与排放限值进行比较。若测得的排气光吸收系数 k 或 NO_x 排放量超过了标准规定的限值，均判断该车的排放不合格。

（4）检测开始后，检测员应始终将加速踏板保持在最大开度状态，直到检测系统通知松开加速踏板为止。在检测过程中，检测员应实时监控发动机冷却液温度和机油压力。一旦冷却液温度超出了规定的温度范围，或者机油压力偏低，都必须立即暂时停止检测。冷却液温度过高时，检测员应松开加速踏板，将变速器置空挡，使车辆停止运转。然后使发动机在怠速工况下运转，直到冷却液温度重新恢复到正常范围为止。

（5）检测过程中，检测员应时刻注意受检车辆或检测系统的工作情况。

（6）检测结束后，打印检测报告并存档。

4. 卸载程序

（1）将受检车辆驶离底盘测功机以前，检测员应检查相关检测工作是否已经全部完成，是否完成相关检测数据的记录和保护。

（2）按下列步骤将受检车辆驶离底盘测功机。

①从受检车辆上拆下所有测试和保护装置。

②将动力仓盖板复位。

③举起测功机升降板，锁住转鼓。

④去掉车轮挡块，确认受检车辆及其行驶路线周围没有障碍物或无关人员。

⑤车辆驾驶员在得到明确的驶离指令后，方可将受检车辆驶离底盘测功机，并停放到指定地点。

5. 加载减速法检测结果的判定

（1）NO_x检测结果计算。

排放检测结果应进行湿度校正，计算连续 9 s 的算术平均值。

检测结果计算公式：

$$C_{NO_x} = \frac{\sum_{i=1}^{9} C_{NO_x} \times k_H(i)}{9} \qquad (4-3)$$

式中　C_{NO_x}——NO_x排放平均浓度（10^{-6}）；

　　　$C_{NO_x(i)}$——第 i 秒 NO_x 测量浓度（10^{-6}）；

　　　$k_H(i)$——第 i 秒湿度校正系数。

湿度校正系数计算公式：

$$k_H = \frac{1}{1 - 0.032\,9 \times (H - 10.71)} \qquad (4-4)$$

$$H = \frac{6.211\,1 \times R_a p_d}{p_B - \left(p_d \cdot \dfrac{R_a}{100}\right)} \qquad (4-5)$$

式中　k_H——湿度校正系数；

　　　H——绝对湿度，g（水）/kg（干空气）；

　　　R_a——环境空气的相对湿度，%；

　　　p_d——环境温度下饱和蒸气压，kPa；

　　　p_B——大气压力，kPa。

（2）检测系统应对检测中记录的原始光吸收系数 k、NO_x排放量、发动机转速和吸收功率数据进行自动处理，不允许对上述数据进行任何人工修改。

（3）从两个加载减速速度段检测记录的数据组中，筛选出真实 VelMaxHP 下的发动机转速、转鼓转速、吸收功率和光吸收系数 k 数据输至数据区 1，筛选出 80% 的 VelMaxHP 下的相应数据及 NO_x排放量分别输入到数据区 2 中。

（4）在数据区 1，根据系统自动记录的环境温度、环境湿度和大气压力，对测量得到的吸收功率进行修正，吸收功率的修正公式：

$$P_C = P_0 (f_a)^{f_m} \qquad (4-6)$$

对自然吸气式和机械增压发动机：

$$f_a = \frac{99}{B_d} \left(\frac{t + 273}{298}\right)^{0.7} \qquad (4-7)$$

对涡轮增压或涡轮增压中冷发动机：

$$f_a = \left(\frac{99}{B_d}\right)^{0.7} \left(\frac{t + 273}{298}\right)^{1.5} \qquad (4-8)$$

式中　P_C——修正功率（kW）；

P_0——实测功率(kW);

f_a——大气修正系数;

f_m——发动机系数,取 $f_m = 1.2$;

B_d——环境干空气压力(kPa);

t ——进气温度(℃)。

(5)将所需最小功率和测试修正后的轮边功率进行比较,如果修正后的轮边功率小于所需最小功率,判定车辆检测不合格。注意:修正功率应保留到小数点后 1 位数。

(6)在数据区 1 检查光吸收系数 k,在数据区 2 检查光吸收系数 k 和 NO_x 数据,如果任何一个数据超过了规定的限值,则车辆排放不合格,应通过主程序设置菜单设置限值。注意:检测的光吸收系数值需要精确到 $0.01\ \mathrm{m}^{-1}$。

(7)如果车辆没有通过上述任何一项检测(光吸收系数 k、NO_x 数据和轮边功率),则认为该车没有通过加载减速法排放检测,否则,则认为该车通过检测。

(8)检测员需要按相应的控制键接受检测结果。同时,用软件存储数据,并以标准格式输出结果。数据区 1 的 VelMaxHP 应与发动机制造厂规定的发动机额定转速同时输出在检测报告中。

(9)将每次检测的数据通过检测序列号进行标记,并存为电子文档。

(10)检测员应在打印输出的表格上签上姓名和检测标志号。

四、林格曼黑度法检测

林格曼黑度法是把林格曼烟气黑度图放在适当的位置上,将柴油车排气的烟度与图上的黑度相比较,确定柴油车排气烟羽的黑度(烟羽为柴油机排气口排出的气流)。

1. 检测条件、方法和检测结果记录

1)检测条件

(1)应在白天进行检测,检测员与柴油车排气口的距离应足以保证对排气情况清晰地观察。林格曼烟气黑度图安置在固定支架上,图片面向检测员,尽可能使图片位于检测员至排气口端部的连线上,并使图与排气有相似的背景,图距检测员应有足够的距离,以使图上的线条看起来融合在一起,从而使每个方块有均匀的黑度。

(2)检测员的视线应尽量与排气烟羽飘动的方向垂直。观察排气烟羽的仰视角不应太大,一般情况下不宜大于45°角,尽量避免在过于陡峭的角度下观察。

(3)观察排气烟羽黑度力求在比较均匀的光照下进行。如果在太阳光照射下观察,应尽量使照射光线与视线成直角。光线不应来自检测员的前方或后方。雨雪天、雾天及风速大于 4.5 m/s 时不应进行观察。

2)检测方法

(1)观察排气烟羽的部位应选择在排气黑度最大的地方。观察时,检测员连续观测排气黑度,将排气的黑度与林格曼烟气黑度图进行比较,记下排气的林格曼级数最大值作为林格曼烟度值。如排气黑度处于两个林格曼级之间,可估计一个 0.25 或 0.5 林格曼级数。

(2)观察排气宜在比较均匀的照明下进行。如在阴天的情况下观察,由于背景较暗,在读数时应根据经验取稍偏低的级数(减去 0.25 级或 0.5 级)。

3)检测结果记录

(1)检测员连续观测排气烟度,将排气的黑度与林格曼烟气黑度图进行比较,记下观测过程中排气的林格曼级数最大值作为林格曼烟度值。

(2)采用林格曼烟度测试仪检测排气烟度时,记录林格曼烟度测试仪的最大读数作为林格曼烟度值。

2. 质量保证和质量控制

(1)应使用符合规范要求的林格曼烟气黑度图,并注意保持图面的整洁。在使用过程中,林格曼烟气黑度图如果被污损或褪色,应及时更换新的图片。

(2)检测员在观测前先平整地将林格曼烟气黑度图固定在支架或平板上,支架的材料要求坚固轻便,支架或平板的颜色应柔和自然,不应对观测造成干扰。使用时图面上不要加任何覆盖层,以免影响图面的清晰。

(3)凭视觉所鉴定的排气黑度是反射光的作用。所观测到的排气黑度读数,不仅取决于排气本身的黑度,同时还与风速、排气管的大小结构(出口断面的直径和形状)及观测时光线和角度有关。在现场观测时,应充分注意这些因素。

(4)林格曼 0 级的白色图片可以提供一个有关照明的指标,用于发现图上的任何遮阴,照明不均匀。它还可以帮助发现图上的污点。

(5)检测员在观测过程中,要认真作好观测记录,按要求填写记录表,计算观测结果。

3. 林格曼烟气黑度图

标准的林格曼烟气黑度图由 5 张不同黑度的图片组成,通过在白色背景上确定宽度的黑色线条和间隔的矩形网格来准确印制。每张图片中,网格所占的面积是 14 cm×21 cm。每个小格长度为 10 mm、宽度为 10 mm。每张图片上的网格由 294 个小格组成。林格曼黑度是根据黑色条格占整块面积的百分数来确定的。除全白、全黑分别代表林格曼黑度 0 级、林格曼黑度 5 级外,其余 4 个级别根据黑色条格占整块面积的百分数来确定,黑色条格的面积占 20% 为 1 级,占 40% 为 2 级,占 60% 为 3 级,占 80% 为 4 级。1~4 级的林格曼烟气黑度图如图 4-19 所示。

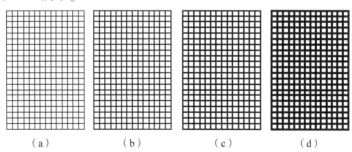

(a) (b) (c) (d)

图4-19 1~4 级的林格曼烟气黑度图

(a)林格曼黑度 1 级;(b)林格曼黑度 2 级;(c)林格曼黑度 3 级;(d)林格曼黑度 4 级

五、检测结果分析

1. 检测报告单

检测完毕后，应签发在用车检测报告。在用柴油车排放污染物检测报告单示例如表4-16所示（篇幅所限，该表仅列出了排放污染物具体检测内容，其他检测项目具体内容参见 GB 3847—2018）。

表4-16 在用柴油车排放污染物检测报告单

F.3.1 基本信息							
F.3.2 外观检测							
F.3.3 OBD检测							
F.3.4 排气污染物检测							
检测方法	□自由加速法　□加载减速法　□林格曼黑度法						
检验结果内容①							

排气污染物检测	自由加速法						
	额定转速/(r·min⁻¹)	实测转速/(r·min⁻¹)	三次烟度测量值/m⁻¹			平均值/m⁻¹	限值/m⁻¹
			1	2	3		
	加载减速法						
	转速			最大轮边功率			
	额定转速	实测（修正）		实测/kW		限值/kW	
	烟度			氮氧化物 NOₓ			
	100%点	80%点		80%点			
	实测值		实测值				
	限值		限值				
	林格曼烟度法						
	明显可见烟度	有/无		林格曼黑度/级			
检测结果	□合格　□不合格　检验员：						
授权签字人							
批准人				单位盖章			

注：①排气污染物检测结果为负数或者零时，应记录为"未检出"。

2. 检测结果不合格的原因分析

装配柴油机的在用汽车排气烟度检测结果超标，主要原因是柴油机供油系统调整不当。此外，柴油机气缸活塞组和曲柄连杆机构的技术状况及柴油的质量等对排放烟度也有影响。柴油机供油系统调整不当和相关系统技术状况的变化，主要表现为柴油机出现冒黑烟、蓝烟及白烟故障。其黑烟对排放烟气检测结果的影响最大。柴油机工作时黑烟浓重，其故障由喷油量过大、雾化不良、各缸喷油量不均匀、喷油时刻过早、调速器失调和空气滤清器堵塞等原因引起。

此外，柴油机冒黑烟还与柴油质量有关，为使点火性能良好，一般柴油机选用十六烷值为 40~45 的柴油为宜。若十六烷值超过 65，则柴油蒸发性变差，致使燃烧不彻底，工作时也会发生冒黑烟现象。

柴油机的 NO_x 排放量超标往往是由发动机的增压器系统故障、供油系统的喷油压力、喷油提前角、喷油速度等变化，以及 EGR 系统故障、选择性催化还原（selective catalytic reduction，SCR）系统故障等原因所致。

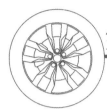

第五章
汽车制动性

第一节　汽车制动性基础知识

　　汽车的制动性能是汽车重要的使用性能之一。制动性能的好坏直接关系到行车安全，性能良好和可靠的制动系统可保证行车安全，避免交通事故；反之，很容易造成车毁人亡的恶性事故。同时，制动性能的好坏还影响汽车动力性的发挥。由此，汽车制动装置具有齐全、可靠及符合国家标准的良好制动性能是非常重要的。制动性能检测是安全性检测的重点项目之一。

一、汽车制动性能评价指标

　　汽车行驶时，能在短距离内迅速停车且维持行驶方向稳定性，在下长坡时能维持一定的安全车速，以及在坡道上长时间保持停驻的能力，称为汽车的制动性。汽车制动性直接关系着汽车的行车安全。只有在保证行车安全的前提下，才能充分发挥汽车的其他使用性能，如提高汽车车速和汽车的机动性能等。汽车制动性能主要从制动效能、制动抗热衰退性和制动时汽车的方向稳定性3个方面来评价。

　　车辆制动试验可在制动器"冷态"和"热态"等不同的情况下进行。"冷态"试验一般是指制动器温度不超过100 ℃时进行的车辆制动试验。车辆在高速制动、短时间重复制动或下长坡连续制动时，制动器的温度很高，出现热衰退现象，此时测量车辆的制动性能（即制动抗热衰退性），视为"热态"试验。一般，抗热衰退性试验在汽车定型试验时进行，而对一般在用车辆则采用"冷态"试验检测车辆的制动性能。这里讨论的汽车制动性能是指冷态下的制动效能和制动时的方向稳定性。

　　1. 制动效能的评价指标

　　车辆的制动效能是指车辆在行驶中能强制地减速以致停车，或下长坡时维持一定速度的能力。评价制动效能的指标有制动距离、制动减速度、制动力和制动时间。

　　为了更好地理解制动效能的评价指标，需对车辆的制动过程进行分析。

　　图5-1是根据实测的汽车制动过程中制动减速度随时间变化的关系，而绘制的理想的制动减速度随制动时间变化的曲线。

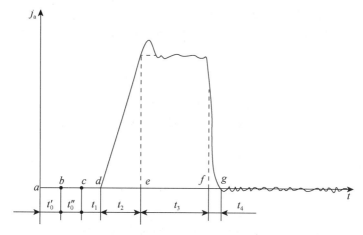

图 5-1 理想的制动减速度随时间变化的曲线

当驾驶员接收到需进行紧急制动的信号时（即图 5-1 中的点 a），并没有立即采取行动，而要经过 $t_0's$ 才意识到应进行紧急制动，从点 b 移动右脚，经过 $t_0''s$ 到点 c，开始踩制动踏板。从点 a 到点 c 的时间称为驾驶员的反应时间。

到点 c，驾驶员踩下制动踏板，踏板力迅速增加达到最大值。但是，由于制动踏板有一定的自由行程，而且要克服蹄片回位弹簧的拉力，所以要经过 $t_1 s$ 到达点 d，这时制动器才开始产生制动作用，使汽车开始减速。这段时间称为制动系统的反应时间。

由点 d 到点 e 是制动器制动力的增长过程，车辆从开始产生减速度到最大稳定减速度所需要的时间 t_2，一般称为制动减速度（或制动力）增长时间。

从点 e 到点 f 为持续制动时间 t_3，此段时间制动减速度基本不变。

到点 f 时，制动减速度开始削减，但制动解除还需要一段时间 t_4，这段时间称为制动释放时间。

综上所述，制动的全过程包括驾驶员发现信号后做出反应、制动器开始起作用、持续制动和制动释放 4 个阶段。驾驶员的反应时间只与驾驶员自身有关，与车辆无关，在检测车辆时，可暂不考虑。驾驶员松开制动踏板后，制动释放时间对下次起动行车会带来影响，而对本次制动过程没有影响。所以，在研究制动性能时，着重研究从驾驶员踩下制动踏板开始到车辆停住这段时间（$t_1 + t_2 + t_3$）的车辆制动过程。

不过，制动释放时间 t_4 对正常高速运行的汽车在点制动时带来的影响不可忽视，特别是同一轴上左、右车轮的制动释放时间不一致，会造成高速运行的汽车在点制动时出现跑偏现象，影响汽车的安全运行。

1）制动距离

制动距离是反映车辆制动效能比较简单而又直观的指标。

制动距离是指车辆在一定的速度下制动，从脚接触制动踏板（或手触动制动手柄）时起至车辆停住时，车辆驶过的距离。它包括了制动系统反应时间、制动减速度上升时间和以最大稳定减速度持续制动的时间的车辆行驶的全部距离。

车辆制动系统调整的好坏、制动系统反应时间的长短、制动力上升的快慢及制动力使车辆产生减速度的大小等，均包含在制动距离指标中。它是较为综合的制动效能评价指标，被大多数国家采用。

制动距离是评价汽车制动效能最直观的指标。从行车安全的角度来看，如果在行车中遇到需要减速或采取紧急制动措施时，汽车能在较短的距离内停下来，可以认为该车的制动性能良好。

用制动距离检验车辆的制动效能具有一定的准确性。当用仪器测取车辆的制动距离时，对同一辆车在相同的车速和气压（或踏板力）下，在同一路段试验多次，测得的结果相同或很接近，试验的重复性较好，说明了用制动距离来评价车辆的制动效能可达到一定的准确度。

制动距离是一个反映整车制动效能的指标，而不能反映出各个车轮的制动状况及制动力的分配情况。当制动距离过长时，也反映不出具体的故障。

2）制动减速度

制动减速度按照测试、取值和计算方法的不同可分为制动稳定减速度、平均减速度和充分发出的平均减速度。

（1）制动稳定减速度j_a。

用制动减速仪测取制动减速度随时间变化的曲线，取其最大稳定值（图5-1中t_3范围对应的稳定减速度值）为制动稳定减速度，以j_a表示。

假设脱开发动机进行制动，并且车辆的各轮同时制动到全滑移状态，根据制动平衡方程式，得出如下结果：

$$j_a = \varphi g \tag{5-1}$$

式中　j_a——车辆的制动稳定减速度（m/s^{-2}）；

　　　φ——轮胎与地面间的附着系数。

这就是说，当汽车制动到全滑移状态时，制动稳定减速度等于路面的附着系数和重力加速度的乘积。

制动稳定减速度是评价车辆制动效能的指标之一。用制动减速度仪来检测车辆的制动减速度时，从理论上讲，制动初速度的大小对测量值没有影响，试验时，受路面不平整度的影响较小。测量仪器本身结构简单，使用方便，但当使用滑块式制动减速仪或摆锤式制动减速仪检测这一参数时，还存在以下问题。

①受车辆制动时倾角的影响而使测量精度降低。

②试验的重复性较差。同一辆汽车在相同的车速和气压（或踏板力）下，各次测得的结果有时相差较大，特别是在车辆空载情况下试验时，这个问题更加突出。

③试验时受路面附着系数的影响较大。如果路面的附着系数较小，车辆达到附着极限，制动稳定减速度就不会再升高。

④由于它测得的减速度是一个整车性能指标，所以不能反映各轮的制动力及其分配情况。

（2）平均减速度d_0。

平均减速度d_0是指在制动效能试验中，按图5-2所示方法取值的平均减速度。平均减速度的取值按下式计算：

$$d_0 = \frac{1}{t_3 - t_2} \int_{t_2}^{t_3} d\mathrm{d}t \tag{5-2}$$

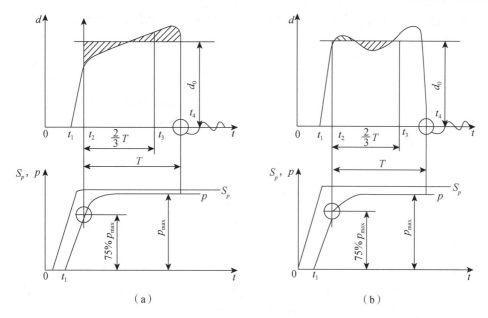

d—汽车制动减速度；S_p—制动踏板行程；p—管路压力；t—时间。

图5-2 平均减速度取值方法

（a）渐增式制动减速度曲线；（b）马鞍形制动减速度曲线

（3）充分发出的平均减速度。

充分发出的平均减速度是车辆制动试验中用速度计测得在制动过程中车辆速度和驶过距离的情况下，车辆用 v_b 到 v_e 速度驶过的距离，根据以下公式计算平均减速度：

$$MFDD = \frac{v_b^2 - v_e^2}{25.92(S_e - S_b)} \qquad (5-3)$$

式中 v_b——$0.8v_0$（km/h）；

$\quad\quad v_e$——$0.1v_0$（km/h）；

$\quad\quad v_0$——制动初速度；km/h

$\quad\quad S_b$—— 在速度 v_0 和 v_b 之间车辆驶过的距离（m）；

$\quad\quad S_e$—— 在速度 v_0 和 v_e 之间车辆驶过的距离（m）。

当制动过程比较平稳、制动减速度比较稳定时，也可以认为 $MFDD$ 是采样时段的平均减速度，即

$$MFDD = \frac{v_b - v_e}{3.6t_{be}} \qquad (5-4)$$

式中 t_{be}——汽车速度由 v_b 降低至 v_e 所用的时间。

式（5-4）中的速度和距离应采用精度为 ±1% 的仪器进行测量。$MFDD$ 也可用其他方法来确定，无论用哪种方法，$MFDD$ 的精度应在 ±3% 以内。

充分发出的平均减速度不受测试时车辆倾角的影响，能较准确地反映车辆的制动减速度特性。

3）制动力

车辆在行驶中能强制减速以致停车，最本质的因素是制动器所产生的摩擦阻力，这就是制动力。因此，制动力是从本质上评价制动效能的指标。

当车轮同时制动到全滑移状态时，制动力 P_T 与制动减速度的关系如下：

$$P_T = mj_a \qquad (5-5)$$

式中各符号代表的意义同前。

从式(5-5)可以看出，制动减速度是随制动力的增加而增大的。

用制动力这一指标来评价车辆的制动效能，不仅可以规定整车制动力的大小，而且可以对前、后轴制动力的合理分配及每轴两轮制动力差提出要求，从而保证车辆各轮制动效能良好，并使各轮的附着质量得到合理的发挥。

为了较全面地检测车辆的制动效能，用制动力作为评价指标时，在规定了制动力的大小、制动力的合理分配及制动力差的同时，还要规定制动协调时间。

用制动试验台检测制动力来评价车辆的制动效能，主要反映制动系统对整车制动效能的影响，而不反映制动系统以外的因素(如悬架弹簧的刚度不同等)对整车制动效能的影响。

4) 制动时间

从图 5-1 可以看出，用测量制动系统反应时间 t_1、制动减速度增长时间 t_2、在最大减速度下持续制动时间 t_3、制动释放时间 t_4 的方法，也可以评价车辆制动效能的好坏。其中，主要是持续制动时间 t_3，但制动系统反应时间 t_1 和制动减速度增长时间 t_2，也就是制动协调时间 $(t_1 + t_2)$ 对制动距离的影响也是不可忽视的。制动系统反应时间的长短可反映出制动系统调整的状况，特别是制动踏板自由行程的调整是否合适。制动力(或制动减速度)增长时间 t_2 的长短可以反映出制动力(或制动减速度)增长的快慢，从而间接地反映出制动效能的优劣。制动释放时间 t_4 可以反映出从松开制动踏板到制动完全消除所需要的时间，从而看出制动释放是否满足使用要求。

制动时间是一个间接评价制动效能的指标，一般很少将它作为一个单独的参数来评价车辆的制动效能，但是，它作为一个辅助的评价指标是不可缺少的。

2. 制动稳定性的评价

汽车在制动过程中有时出现制动跑偏、侧滑，使汽车失去控制而偏离原来的行驶方向，甚至发生驶入对向车辆行驶轨道、下沟或滑下山坡等危险情况。汽车在制动过程中维持直线行驶的能力或按预定弯道行驶的能力，称为制动时汽车的方向稳定性，简称制动稳定性。

制动稳定性通常用汽车制动时按给定轨迹行驶的能力来评价，即按汽车制动时维持直线行驶或预定弯道行驶的能力来评价。在国际上，制动稳定性通常是用汽车直线行驶并在一定的速度下制动时不偏离规定的试车通道来评价。GB 7258—2017《机动车运行安全技术条件》也采用这种方法来评价制动稳定性。

在台试检测汽车制动性能时，通常用汽车各轴左、右车轮制动力的平衡情况来评价汽车的制动稳定性。

车辆的制动稳定性差主要表现为制动跑偏和车轮侧滑。制动跑偏是指车辆制动时不能按直线方向减速或停车时无控制地向左或向右偏驶的现象。

车辆产生跑偏的主要原因是汽车左、右车轮制动器制动力不相等或制动力增长的快慢不一致，特别是转向轮左、右车轮制动器的制动力不相等，更容易引起制动跑偏。同时，悬架系统的结构与刚度、车轮定位角度、轮胎的力学特性、道路状况和轮荷的分配状态等，都对跑偏有影响。此外，制动时悬架导向杆系在运动学上的不协调也会引起制动跑偏。

在汽车制动过程中，当车轮未抱死制动时，车轮具有承受一定侧向力的能力，汽车在一般横向干扰力的作用下不会发生制动侧滑现象；但是，当车轮抱死制动时，车轮承受侧向力的能力几乎丧失，此时汽车在横向干扰力的作用下极易发生侧滑。

侧滑对汽车制动稳定性的影响取决于车轮发生抱死滑移的位置，一般制动时前轮先抱死滑移，车辆能够维持直线减速停车，汽车处于稳定状态。但是，此时车辆将丧失转向能力，对在弯道上行驶的车辆是十分危险的。若后轮比前轮提前一定的时间先抱死制动，则车辆在侧向干扰力的作用下将发生急剧甩尾或旋转，丧失制动稳定性。高速行驶的车辆出现这种制动不稳定现象更加危险。

汽车制动跑偏与制动时车轮侧滑是有联系的，严重的跑偏常会引起后轮的侧滑，制动时易发生后轮侧滑的汽车也有加剧制动跑偏的倾向。

为了提高车辆的制动稳定性，在设计时应保证各轮制动力适当并在各轴间合理分配。有的在汽车上装有制动力分配调节装置，如限压阀、比例阀和感载阀等，这些年已发展到采用计算机控制的汽车电子防抱死制动装置等。在车辆投入使用后，应经常进行检查与调整，以保持左、右车轮制动力平衡，提高制动稳定性。

当车辆抱死产生侧滑时，应立即放松制动踏板，停止制动，降低车速，把方向盘朝着侧滑的方向转动。当车辆的位置调整后，要平稳地把方向盘转到原来的位置。

前面讨论的评价指标主要是评价汽车制动时制动性能的好坏。然而，一旦需要解除制动，制动装置能否迅速而彻底地解除制动，也会影响行车安全。在行车中，踩下制动踏板后再抬起踏板时，若不能迅速解除制动而仍有制动作用，则称这种现象为制动拖滞。

车辆制动拖滞现象虽然不能立即引起行车事故，但如果不及时排除故障，则将导致制动系统损坏，特别是会使制动器过热、制动蹄片烧蚀，从而降低车辆的制动性能。因此，控制车辆阻滞力也列入了制动性能的检测项目。

二、制动装置的基本要求

机动车应设置足以使其减速、停车和驻车的制动系统，应具有行车制动、应急制动和驻车制动功能。应急制动可以是行车制动系统具有应急特性的系统或是与行车制动分开的系统。行车制动的控制装置与驻车制动的控制装置应相互独立。

1. 行车制动装置的主要技术要求

(1)行车制动必须保证驾驶员在行车过程中能控制汽车安全、有效地减速和停车。行车制动必须是可控制的，而且必须保证驾驶员在其座位上双手无须离开方向盘就能实现制动。

(2)行车制动系统制动踏板的自由行程应符合汽车制造厂规定的有关技术条件。

(3)行车制动在产生最大制动作用时的踏板力，对于乘用车应不大于 500 N，对于其他车辆应不大于 700 N。

(4)液压行车制动在达到规定的制动效能时，踏板行程(包括空行程，下同)不得超过全行程的 3/4；制动器装有自动调节间隙装置的车辆，踏板行程不得超过全行程的 4/5，而且对于乘用车踏板行程不得超过 120 mm，其他类型车辆不得超过 150 mm。

(5)气压制动系统必须装有限压装置，确保储气筒内气压不超过允许的最高气压。

(6)装备储气筒或真空罐的汽车，均应采用单向阀或相应的保护装置，以保证在筒（罐）与压缩空气源（真空源）连接失效或漏损的情况下，由筒（罐）提供的压缩空气（真空度）不致全部丧失。

(7)储气筒的容量应保证在调压阀调定的最高气压且不继续充气的情况下，汽车在连续5次将制动踏板踩到底的全行程制动后，气压不低于起步气压（未标明起步气压者，按400 kPa计）。

(8)采用气压制动系统的车辆，发动机在75%额定功率转速下，4 min（汽车列车为6 min，城市铰接公共汽车和铰接式无轨电车为8 min）内气压表的指示气压应从零开始上升至起步气压（未标明起步气压者，按400 kPa计）。

(9)车辆的行车制动必须采用双回路或多回路。

(10)采用真空助力的行车制动系统，当真空助力器失效后，制动系统应仍能保持规定的应急制动性能。

(11)车辆在运行过程中不应有自行制动现象。当挂车与牵引车意外脱离后，挂车能自行制动，牵引车的制动仍然有效。

(12)汽车防抱死制动装置是改善汽车制动稳定性较好的制动装置，是汽车重要的制动安全结构。在此方面，GB 38900—2020《机动车安全技术检验项目和方法》规定，应重点检查危险货物运输货车、车长大于9 m的公路客车、旅游客车、半挂牵引车、货车、专用校车、车长大于9 m的未设置乘员站立区的公共汽车、面包车、其他乘用车和客车，以及总质量大于3 500 kg且小于12 000 kg的货车和专项作业车（五轴及五轴以上专项作业车除外）、总质量大于3 500 kg的挂车安装防抱死装置情况，查看防抱制动装置自检功能。

(13)采用液压行车制动的汽车，制动液储液器的加注口必须易于接近，从结构设计上，必须保证在不打开容器的条件下就能很容易地检查液面。若不能满足此条件，则必须安装制动液面过低报警装置。采用气压行车制动的汽车，当制动系统的气压低于起步气压时，报警装置应能连续不断地向驾驶员发出容易听到或看到的报警信号。安装具有防抱死制动装置的汽车，当防抱死制动装置失效时，报警装置应能连续不断地向驾驶员发出容易听到或看到的报警信号。

2. 应急制动的主要技术要求

(1)应急制动如果不是独立系统，则行车制动必须具有应急制动特性，驻车制动不能单独作为应急制动。事实上，小型汽车只有行车制动系统，制动管路对角线布置时才能达到规定的应急制动性能要求；大、中型车辆则必须装备独立的应急制动装置。

(2)应急制动应是可以控制的，应急制动系统的布置应使驾驶员容易操作，使驾驶员在座位上用一只手握住方向盘的情况下就可以实现制动。它的操作机构可以与行车制动系统的操纵机构结合，也可以与驻车制动系统的操纵机构结合，但3个操纵机构不得结合在一起。

3. 驻车制动的主要技术要求

(1)驻车制动应能使车辆在没有驾驶员的情况下也能停在上、下坡道上，驾驶员在座位上就可以实现驻车制动。对于汽车列车来说，在制动管路连接上要做到驾驶员在牵引车驾驶室里就可以实现列车的制动操作。

（2）挂车的驻车制动装置应能由站在地面上的人实施操作。

（3）施加于驻车制动操纵装置的力：手操纵时，座位数小于或等于9座的载客汽车应不大于400 N，其他车辆应不大于600 N；脚操纵时，座位数小于或等于9座的载客汽车应不大于500 N，其他车辆应不大于700 N。

（4）驻车制动控制装置的安装位置应适当，操纵装置应有足够的储备行程（开关类操作装置除外），一般应在操纵装置全行程的2/3以内产生规定的制动效能；驻车制动机构装有自动间隙调节装置时，允许在全行程的3/4以内达到规定的制动效能。棘轮式制动操纵装置应保证在达到规定的驻车制动效能时，操纵杆往复拉动次数不超过3次。

（5）驻车制动应通过纯机械装置把工作部件锁止。采用弹簧储能制动装置进行驻车制动时，应保证在失效状态下能快速解除驻车状态；如果需要使用专用工具，则这种工具应作为随车工具。

第二节 制动性能的台试检测方法

一、制动试验台的结构与工作原理

根据GB 7258—2017的规定，机动车可以用制动距离、制动减速度和制动力检测制动性能，检测设备有五轮仪、制动减速度仪和制动试验台。

汽车制动性能检测分为台试法和路试法两种。用五轮仪和制动减速度仪检测汽车制动性能时，需用路试法。用制动试验台检测汽车制动效能时，需用台试法。与路试法相比，台试法具有迅速、准确、经济、安全、不受自然条件限制以及试验重复性好和能定量地指示出各车轮的制动力等优点，因而在国内、外获得了广泛的应用。

1. 轴重试验台

利用制动试验台检测汽车制动性能时，制动的参数标准是以轴制动力占轴荷的百分比为依据的，因此必须在测得轴荷和轴制动力后才能评价轴制动性能是否符合国标要求。用于检测车轴轴载质量的设备称为轴重试验台，轴重试验台又称为轴重仪。

电子轴重仪一般由机械部分（包括承载装置和传感器装置）和显示仪表所组成。双载荷台板式轴重仪如图5-3所示，在检测线上使用较多，它能测量左、右车轮的轮荷。它具有左、右两个秤体，分别安装在左、右框架内，共用一个显示仪表。

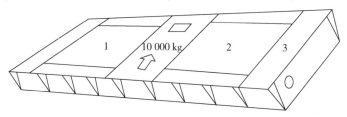

1—左秤体；2—右秤体；3—框架。

图5-3 双载荷台板式轴重仪

2. 反力式滚筒制动试验台的结构与工作原理

1）结构

反力式滚筒制动试验台的结构如图5-4所示。它由驱动装置、滚筒装置、测量装置、举升装置和指示与控制装置等组成。为使制动试验台能同时检测车轴两端左、右车轮的制动力，除框架和指示与控制装置外，其他装置是分别独立设置的。

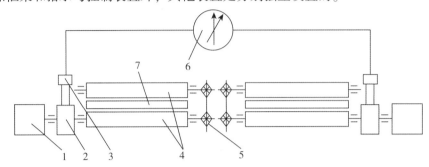

1—电动机；2—减速器；3—测量装置；4—滚筒装置；5—链传动；6—指示与控制装置；7—举升装置。

图5-4 反力式滚筒制动试验台的结构

（1）驱动装置。

驱动装置由电动机、减速器和链传动等组成。电动机的转动通过减速器内的涡轮、涡杆和一对圆柱齿轮传动后传递给主动滚筒，主动滚筒又通过链传动把动力传递给从动滚筒。减速器与主动滚筒共用一轴，减速器壳体处于浮动状态。

（2）滚筒装置。

滚筒装置由4个滚筒组成。每对滚筒独立设置，有主动滚筒和从动滚筒之分。每个滚筒的两端分别用滚动轴承支承，被测车轮置于两滚筒之间。为使滚筒与轮胎的附着系数能够与路面相接近，在滚筒圆周表面上沿轴线方向开有间隔均匀、有一定深度的若干沟槽，附着系数可达0.6~0.7。当车轮抱死时，这种带沟槽的滚筒有剥伤轮胎和附着系数仍显不足的缺点。因此，国产反力式滚筒制动试验台中，已越来越多地出现在圆周表面覆盖一定厚度黏砂、烤砂或其他材料以代替沟槽的滚筒。这种带有涂覆层的滚筒表面几乎与道路表面一致，模拟性好，附着系数高（干态可达0.9，湿态不低于0.8），是比较理想的滚筒表面。

（3）测量装置。

测量装置主要由测力杠杆、测力传感器和测力弹簧等组成。测力杠杆一端与传感器连接，另一端与减速器连接。连接的方式一般有两种：一种是测力杠杆直接固定在减速器壳体上；另一种是测力杠杆通过轴承松套在框架的支承轴上。测力杠杆尾端作用有固定在减速器壳体上的、带有刃口的传力臂，如图5-5所示。当浮动的减速器壳体前端向下移动时，第一种连接方式的测力杠杆的前端也向下移动；第二种连接方式的测力杠杆通过传力臂刃口的作用使杠杆前端向上移动，并拉伸测力弹簧A和测力弹簧B。测力弹簧A与测力弹簧B在不同的测量范围内起作用，例如，国产ZD-6000型制动试验台，制动力在0~4 000 N范围内测力弹簧A起作用，制动力在4 000~20 000 N范围内测力弹簧A与测力弹簧B共同起作用。

安装在测力杠杆前端的测力传感器有自整角电动机式（图5-5中的12）、电位计式、差动变压器式或电阻应变片式等多种类型，能把测力杠杆的位移或力变成反映制动力大小的电信号，送入到指示与控制装置中去。

上述驱动装置、滚筒装置和测量装置，直接或间接地安装在框架上。

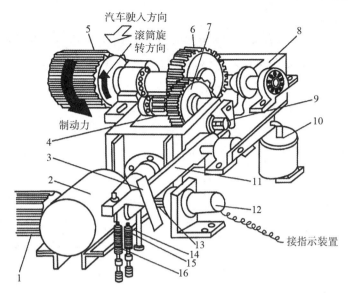

1、5—滚筒；2—电动机；3—齿条；4—二级减速主动齿轮；6—二级减速从动齿轮；7—蜗轮；
8—减速器壳体；9—传力臂刃口；10—缓冲器；11—测力杠杆；12—自整角电动机式测力传感器；
13—小齿轮；14—限位杆；15—测力弹簧A；16—测力弹簧B。

图5-5　反力式滚筒制动试验台的驱动装置与测量装置

（4）举升装置。

为了便于汽车出入试验台，在两滚筒之间设有举升装置。举升装置一般由举升器、举升平板和控制开关等组成。每个举升平板下一般设置1～2个举升器。常见的试验台举升器主要有3种类型，即气压式、液压式和电动机械式。气压式举升器有气缸式和气囊式两种，均以压缩空气为动力，驱动气缸中的活塞上移或使气囊向上变形完成举升工作。液压式举升器为油缸式，以液压油为动力，驱动油缸中的活塞上移完成举升工作。电动机械式举升器由电动机通过减速器带动丝母转动，迫使丝杠向上运动完成举升工作。

国产FZ-10B型汽车制动试验台是典型的气囊式举升装置，其机械部分如图5-6所示。有些反力式滚筒制动试验台，在两滚筒之间设置了一根直径比较小的第三滚筒，第三滚筒上带有转速传感器。当车轮接近抱死时，第三滚筒上的转速传感器送出的电信号可使滚筒立即自动停止转动，防止轮胎剥伤，延长轮胎的使用寿命。

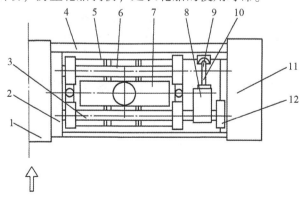

1—中央盖板；2—链传动；3—主动滚筒；4—地基边缘；5—框架；6—从动滚筒；7—举升器；
8—减速器；9—测力传感器；10—测力杠杆；11—侧盖板；12—轴承座。

图5-6　国产FZ-10B型汽车制动试验台的机械部分

（5）指示与控制装置。

目前，检测线制动试验台的控制装置均为微机。将测力传感器送来的电信号经处理后，由工位测控微机及检验程序指示器显示并发往主控微机。制动过程中，当左、右车轮制动力之和大于 500 N 时，微机即开始采集数据，采集时间为 3 s。3 s 后微机发出指令使电动机停转，以防止轮胎剥伤。

2）工作原理

汽车驶上反力式滚筒制动试验台，使被测车轴左、右车轮处于每对滚筒之间，放下举升器，启动电动机，通过减速器、链传动使主动、从动滚筒带动车轮低速旋转，然后用力踩下制动踏板。此时，车轮制动器产生的摩擦力矩作用在滚筒上，与滚筒的转动方向相反，因而产生一个反作用力矩。减速器壳体在这个反作用力矩的作用下，前端发生绕其输出轴向下的偏转，迫使测力杠杆前端向下或向上位移，通过测力传感器转换成反映制动力大小的电信号，由微机采集、处理后，指令电动机停转，并由指示装置指示或由打印机打印检测到的制动力数值。

需要指出的是，制动力的诊断参数标准是以轴制动力占轴荷的百分比为依据的，必须在测得轴荷和轴制动力后才能评价轴制动性能。因此，反力式滚筒制动试验台需要配备轴重计或轮重仪。有些反力式滚筒制动试验台本身带有内藏式轴重测量装置（称为复合式制动试验台），无须单独设置轴重计或轮重仪。

另外，在反力式滚筒制动试验台上检测多轴汽车并装轴（如三轴汽车的中轴和后轴）的制动力，而其中任一轴的传动关系又不能单独脱开时，无须在试验台前后布置自由滚筒。此时，按多轴汽车并装轴检测程序进行检测，只要一组滚筒的驱动电动机正转，而另一组滚筒的驱动电动机反转。测完后，两电动机再反方向重测一次，每一次只采集车轮正转时的制动力数据，即可完成该轴制动力的检测，而相邻另一并装车轴在地面上的车轮不转动。这一检测方法，不仅节省了制动试验台前后两套自由滚筒，而且减少了占地面积，因而大幅降低了资金投入。

3. 平板式制动试验台

由于平板式制动试验台具有结构简单、测试方便、不需要模拟转动惯量、测试精度不受车轮直径大小的影响、测试过程更接近实际制动过程等优点，因此在早期的检测设备中就有所应用。有些平板式制动试验台不仅能检测制动性能，而且能检测轴重、侧滑和悬架的技术状况等，因而又称为平板式检测设备或平板式底盘检测设备。

平板式检测设备由测试平板、数据处理系统和踏板力计等组成，如图 5-7 所示。测试平板一共有 6 块，其中 4 块平板为制动、悬架、轴重测试用，1 块平板为侧滑测试用，还有 1 块空板，不起任何测试作用。

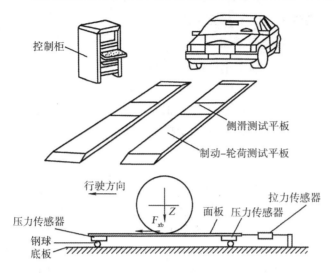

图 5-7 平板式检测设备

测试平板由面板、底板、钢球和力传感器等组成。底板作为底座固定在混凝土地面上，面板通过压力传感器和钢球作用在底板上，其纵向则通过拉力传感器与底板相连。压力传感器用于测量作用于面板上的垂直力，拉力传感器则用于测量沿汽车行驶方向轮胎作用于面板上的水平力，水平力和垂直力的大小变化分别对应拉力传感器和压力传感器所输出的电信号的变化。拉力传感器和压力传感器输出的电信号由计算机采集、处理后，换算成制动力和轮荷的大小并分别在显示装置上显示出来。如果装有无线式踏板力计，则平板式制动检测设备不仅可以测出最大制动力，还可以提供制动力随时间变化的曲线、制动协调时间等信息，根据垂直力在制动过程中的波动情况可检测悬架装置的性能。

踏板力计能测得制动时作用在制动踏板上的力，其形式分为有线式、无线式和红外线式，可以根据要求选用。

二、检测方法

1. 准备工作

（1）空载检测时，气压表指示气压不大于 600 kPa；液压制动踏板力，乘用车不大于 400 N，其他机动车不大于 450 N。满载检测时，气压表指示气压不大于额定工作气压；液压制动踏板力，乘用车不大于 500 N，其他机动车不大于 700 N。

（2）驻车制动检测时的允许操纵力，手操纵时，乘用车不大于 400 N，客车、货车不大于 600 N；脚操纵时，乘用车不大于 500 N，客车、货车不大于 700 N。

（3）被测车辆轮胎表面干燥、清洁无油污，胎冠花纹中及并装轮胎间无异物嵌入，驱动轴轮胎的花纹深度不小于 1.6 mm，气压符合规定。

（4）对于气压制动的车辆，采用反力式滚筒制动试验台检测时，储气筒应有足够的压力，并能保证制动性能检测完毕时，气压不低于起步气压。

（5）检测汽车列车制动时序和制动协调时间，应安装制动踏板开关。

（6）采用反力式滚筒制动试验台检测行车制动和驻车制动时，可在非测试车轮后垫三角垫块防止车轮后移。

（7）并装双驱动轴采用反力式滚筒制动试验台检测时，应使桥间差速器起作用。

（8）检验台架旋转部件及电气系统应预热。

2. 反力式滚筒制动试验台检测方法

（1）测取被测车辆各轴的静态轮质量。

（2）将被测车轮置于制动台两滚筒之间，变速器置空挡。此时，对于多轴及并装轴车辆还应采用复合式轴重仪测取被测轴的静态轴质量。

（3）分别启动制动试验台左、右滚筒的驱动电动机，3 s后按提示将制动踏板缓踩到底（液压制动车辆应保持规定的制动踏板力），测取左、右车轮最大制动力以及制动全过程的数据；对驻车制动轴实施驻车制动，测取驻车最大制动力。

（4）依次检测各轴。

（5）按以下方法计算静态轮荷及静态轴荷、整车制动率、轴制动率、制动不平衡率和驻车制动率。

①静态轮荷及静态轴荷的计算：计算静态轮荷时，将轮质量换算为轮荷。计算静态轴荷时，为同轴左、右车轮的静态轮荷之和；复合式轴重仪的静态轴荷为其测取的静态轴质量换算的轴荷；静态轴（轮）荷的单位为 daN（1 daN = 10 N），换算轴（轮）荷时的重力加速度取 9.81 m/s^2。

②整车制动率的计算：测取的所有车轮最大制动力之和与整车重力（各轴静态轴荷之和，以下同）的百分比。当牵引车与半挂车相连时，牵引车整车制动率为牵引状态下，牵引车所有车轮的最大制动力之和与牵引车整车重力的百分比，半挂车整车制动率为牵引状态下，挂车所有车轮的最大制动力之和与半挂车整车重力的百分比。

③轴制动率的计算：在制动全过程中，测取左、右车轮的最大制动力，并计算左、右车轮最大制动力之和与该轴静态轴荷的百分比。

④制动不平衡率的计算：以同轴左、右任一车轮产生抱死滑移时为取值终点，如左、右车轮无法达到抱死滑移，则以较后出现车轮最大制动力时刻作为取值终点。在取值终点前的制动全过程中，计算同时刻左、右车轮制动力差的最大值与该轴左、右车轮最大制动力中较大者的百分比。除前轴外，当轴制动率小于60%时，用该值除以该轴静态轴荷的百分比。

⑤驻车制动率的计算：测取的各驻车轴最大驻车制动力之和与整车重力的百分比。

⑥对于多轴及并装轴车辆，计算轴制动率和制动不平衡率时，静态轴荷按复合式轴重仪测取的轴荷计算，其他车辆按独立式轮重仪测取的静态轴荷计算。

⑦计算整车制动率、驻车制动率时，整车重力按独立式轮重仪测取的空载静态轮荷计算。

3. 平板式制动试验台检测方法

（1）被测车辆以 5~10 km/h 的速度滑行，变速器置空挡（对自动变速器车辆可位于 D 挡），正直平稳驶上制动平板。

（2）当所有车轮均驶上制动平板时，急踩制动踏板使车辆停止，测取各车轮的最大轮制动力、制动全过程的数据及动、静态轮荷；重新起动车辆，当驻车制动轴驶上制动平板时实施驻车制动，测取各驻车轴制动力。

注意：车辆停止时，如被测车轮离开制动平板，制动检测无效，应重新检测。

（3）按以下方法计算静（动）态轮荷及静（动）态轴荷、整车制动率、轴制动率、制动不平衡率、驻车制动率以及汽车列车的制动时序、制动协调时间和制动力分配。

①静(动)态轮荷及静(动)态轴荷的计算：静态轮荷及静态轴荷的计算同反力式滚筒制动试验台的计算方法。动态轮荷测取同轴左、右车轮制动力最大时刻分别对应的轮荷，动态轴荷为同轴左、右车轮动态轮荷之和。

②整车制动率的计算：测取的各车轮最大制动力之和与静态整车重力的百分比。当牵引车与半挂车相连时，牵引车整车制动率、半挂车整车制动率的计算同反力式滚筒制动试验台的计算方法。

③轴制动率、制动不平衡率和驻车制动率的计算：同反力式滚筒制动试验台的计算方法。计算轴制动率时，乘用车轴荷取动态轴荷，其他车辆的轴荷取静态轴荷。

④汽车列车制动时序的计算：以制动踏板开关的触发时刻为起始时刻，计算汽车列车各轴制动力分别达到静态轴荷的 5% 的时间及时间差。

⑤汽车列车制动协调时间的计算：以制动踏板开关的触发时刻作为起始时刻 T_b，以制动全过程中，各轴所有车轮同时刻的制动力之和达到整车制动率规定值的 75% 时刻为终止时刻 T_e，T_e-T_b 的时间差即为制动协调时间。当整车制动率不能达到规定值时，制动协调时间不作计算和评价。

⑥汽车列车制动力分配的计算方法如下。

a. 计算汽车列车整车制动率、牵引车整车制动率和挂车整车制动率。

b. 分别计算牵引车整车制动率、挂车整车制动率与汽车列车整车制动率的百分比。

4. 检测标准

1)行车制动性能

(1)汽车、汽车列车在制动试验台上测出的制动力应符合表 5-1 的要求。对空载检测制动力有质疑时，可用表 5-1 中规定的满载检测制动力要求进行检测。使用反力式滚筒制动试验台检测时，可通过测得制动减速度值计算得到最大制动力。

检验时制动踏板力或制动气压需满足 GB 7258—2017 的相关要求。

表 5-1　台试检验制动力要求

机动车类型	制动力总和与整车重力的百分比		轴制动力与轴荷[①]的百分比	
	空载	满载	前轴[②]	后轴[②]
三轮汽车	—		—	≥60[③]
乘用车、其他总质量小于等于 3 500 kg 的汽车	≥60	≥50	≥60[③]	≥20[③]
铰接客车、铰接式无轨电车、汽车列车	≥55	≥45	—	—
其他汽车	≥60[④]	≥50	≥60[③]	≥50[⑤]
挂车	—	—	—	≥55[⑥]
普通摩托车	—	—	≥60	≥55
轻便摩托车	—	—	≥60	≥50

注：①用平板式制动检验台检验乘用车、其他总质量小于等于 3 500 kg 的汽车时，应按左、右车轮制动力最大时刻所分别对应的左、右车轮动态轮荷之和计算。

②机动车(单车)纵向中心线中心位置以前的轴为前轴，其他轴为后轴；挂车的所有车轴均按后轴计

算；用平板制动试验台测试并装轴制动力时，并装轴可视为一轴。

③空载和满载状态下测试均应满足此要求。

④对总质量小于等于整备质量的1.2倍的专项作业车应大于等于50%。

⑤满载测试时后轴制动力百分比不做要求；空载用平板式制动试验台检验时应大于等于35%；总质量大于3 500 kg的客车，空载用反力式滚筒制动试验台测试时应大于等于40%，用平板式制动试验台检验时应大于等于30%。

⑥满载状态下测试时应大于等于45%。

（2）制动力平衡要求。在制动力增长全过程中同时测得的左、右车轮制动力差的最大值，与全过程中测得的该轴左、右车轮最大制动力中大者（当后轴及其他轴制动力小于该轴轴荷的60%时，为与该轴轴荷）之比，对新注册车和在用车应分别符合表5-2的要求。

表5-2　台试检测制动力平衡要求

前轴		后轴（及其他轴）	
		轴制动力大于或等于该轴轴荷60%时	制动力小于该轴轴荷60%时
新注册车	20%	24%	8%
在用车	24%	30%	10%

（3）制动协调时间，对于液压制动的汽车不应大于0.35 s；对于气压制动的汽车不应大于0.60 s；铰接客车、铰接式无轨电车的制动协调时间不应大于0.80 s。

2）驻车制动性能

当采用制动试验台检测汽车驻车制动装置制动力时，机动车空载，乘坐一名驾驶员，使用驻车制动装置，驻车制动力的总和应大于等于该车在检测状态下整车质量的20%；对于总质量为整备质量1.2倍以下的机动车应大于等于15%。

3）制动踏板力或制动气压要求

进行制动性能检验时的制动踏板力或制动气压应符合以下要求。

（1）满载检验。

①气压制动系：气压表的指示气压≤额定工作气压。

②液压制动系：踏板力，乘用车≤500 N；其他机动车≤700 N。

（2）空载检验。

①气压制动系：气压表的指示气压≤750 kPa。

②液压制动系：踏板力，乘用车≤400 N；其他机动车≤450 N。

4）制动完全释放时间要求

汽车制动完全释放时间（从松开制动踏板到制动消除所需要的时间），对于两轴汽车不应大于0.8 s；对于三轴及三轴以上汽车不应大于1.2 s。

5. 制动性能检测结果分析

在制动试验台上检测汽车制动性能时，若检测结果判定为不合格，那么在排除检测操作规范的问题外，主要是由汽车制动系统的故障造成的。汽车制动常见故障形式有制动力不足、同轴左/右车轮制动力平衡不符合要求、制动协调时间过长和车轮的阻滞力超限等。

1）检测误差分析

（1）制动力不足的原因分析。

①如果是检测结果普遍存在的制动力不足，那么首先应该考虑轴（轮）重仪以及制动试

验台是否示值误差超标的问题。

②如果是前轴以外的其他轴制动力偏低，则应考虑其他轴是否有制动力自动调节装置。因为国家标准对前轴以外的其他轴制动力"和"没有较严格的限制，所以检测报告单往往出现各轴制动力"和"均合格，但整车制动力"和"不合格。对于其他轴带有制动力自动调节装置的车辆，应对前轴采取增加附着力的办法检测确定。提高制动力的措施（允许采用的检测措施）：提高滚筒的附着系数；在制动力和检测不合格时增加附着重力，左、右车轮均匀增加，增加的附着重力不计轴荷；增加非检测车轮的附着力。

③如果轮胎磨损严重，则对制动性检测结果有影响。

（2）制动力异常的原因分析。

制动力异常主要指检测数据不符合理论或者不现实的情况。例如，未采取增加附着力的办法进行检测，制动力过大，制动力"和"超过100%等。如果是检测结果普遍存在的制动力异常，那么首先应该考虑轴（轮）重仪以及制动试验台是否出现示值误差超标的问题。与制动力不足类似，轴（轮）重仪示值偏低或者制动试验台示值误差过大，均可导致制动力"和"超过100%。

（3）制动力差超标的原因分析。

制动力差超标同样也应该排除制动试验台本身示值误差因素的影响。

除了车辆本身左/右车轮制动器制动力不一致、制动器间隙不一致、轮胎气压和轮胎磨损使左、右车轮的附着系数不一致等因素可导致制动力差超标，车辆的左、右车轮轮荷相差较大且制动器制动力大于附着力出现抱死拖滑时，也可导致制动力差超标。

对于轻型和微型汽车，应注意引车员的重力对制动力差的影响。这里同样指的是，如果车轮制动器制动力大于附着力时，车轮将出现抱死拖滑，这时所测得的制动力实际是附着力。而附着力等于该轮的轴荷与附着系数的乘积。如果左、右车轮的附着系数相等，那么所测得的力与该轮的轴荷有关。因此，引车员的重力对轻型和微型车前左、右车轮的影响不能忽视，它可能引起制动力差超标。

另外，在检测时还应注意，引车员应适当控制好踩制动踏板的速度。对于制动协调时间非常短、制动力增长的、斜率较陡的液压制动车辆，如果踩制动踏板速度过快，那么也可能引起制动力差超标。这是因为通过模拟通道采样的信号，各同步信号记录时刻的同步时间差约为0.5 ms。另外，每个记录点之间间隔10 ms的采样时间，对于快速增长的制动力可能会出现漏掉最大制动力点的情况。这也是制动力检测时出现重复性不好的主要原因。

2）车辆原因分析

（1）液压制动系统的原因分析。

①各车轮制动力均偏低，主要原因是制动踏板自由行程太大、制动液中有空气或变质、制动主缸故障、增压器或助力器效能不佳或失效。

②个别车轮制动力偏小，主要原因是该车轮制动器故障，若同一制动回路两车轮制动力均偏小，则应检查该制动回路中有无空气或不密封处。

③同轴左、右车轮制动力最大值差值过大，故障原因同②。若在制动力增长阶段左、右车轮差值过大，则应检查制动间隙是否适当；若在制动释放阶段左、右车轮制动力最大值差值过大，则应检查制动轮缸及制动蹄回位弹簧。

④若各车轮制动协调时间过长，则应主要检查制动踏板自由行程是否过大；若个别车轮制动协调时间过长，则应主要检查该车轮制动间隙是否过大；若同一制动回路两车轮制动协调时间过长，则可能是该制动回路中有空气。

（2）气压制动系统原因分析。

①各车轮制动力均偏低，主要原因是制动踏板自由行程太大、储气筒气压太低或制动阀故障。

②个别车轮制动力偏低，主要原因是该车轮制动间隙过大或制动器故障。若同一制动回路两车轮制动力偏低，则主要原因是制动管路漏气或某一制动气室膜片破裂。

③同轴左、右车轮制动力最大值差值过大，故障原因同②。若在制动力增长阶段左、右车轮差值过大，则应检测制动间隙是否适当；若在制动释放阶段左、右车轮制动力差值过大，则可能是制动蹄或制动气室回位弹簧故障。

④各车轮制动协调时间过长，应主要检测制动踏板自由行程是否过大；若个别车轮制动协调时间过长，则应主要检查该车轮制动间隙是否过大。

3）检测报告单

具体检测报告单格式参见 GB 38900—2020《机动车安全技术检验项目和方法》。

第三节　制动性能的路试检测方法

反力式滚筒制动试验台和平板式制动试验台均有一定的局限性，包括承载能力限制和车辆结构限制，因而并不是所有类型的车辆均能进行制动性能台试检测。对于不能进行制动性能台试检测的车辆及对台试检测结果有争议时，均需进行制动性能路试检测。

路试能够更真实地反映汽车在实际行驶中的制动性能。路试检测的主要参数包括充分发出的平均减速度、制动协调时间、制动初速度、制动距离、踏板力和制动稳定性等。目前，常用的路试检测设备包括便携式制动性能测试仪、五轮仪，以及利用全球定位系统（Global Positioning System，GPS）技术进行的检测等，主要检测参数如下。

（1）采用便携式制动性能测试仪检测时的主要检测参数：充分发出的平均减速度、制动协调时间、制动初速度、制动距高、踏板力、制动稳定性。

（2）采用五轮仪检测时的主要检测参数：充分发出的平均减速度、制动初速度、制动距离、速度、踏板力、制动稳定性。

（3）采用 GPS 技术检测时的主要检测参数为：充分发出的平均减速度、加/减速度、速度、制动协调时间、制动距离、踏板力、制动稳定性。

五轮仪分为接触式五轮仪和非接触式五轮仪（非接触式车速仪），第二章已经介绍了接触式五轮仪的结构与工作原理，本节将在介绍非接触式车速仪的基础上采用五轮仪对汽车制动性能进行检测研究。

一、非接触式车速仪的结构与工作原理

非接触式车速仪一般由光电传感器、灯光照明装置、支架、吸盘等组成。国产的OES-Ⅱ型非接触光电传感器如图 5-8 所示。

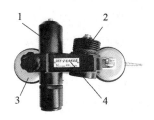

1—传感器；2—灯光照明装置；3—吸盘；4—支架。

图 5-8　OES-Ⅱ型非接触光电传感器

OES-Ⅱ型非接触光电传感器采用特殊的大面积硅光电器件作为探测器。使用时将仪器安装在汽车外侧，镜头对准用灯光照明的地面。汽车行驶时，地面的杂乱花纹经光学系统成像，并扫描到硅光电器件，经过光电转换和空间滤波后，传感器仅输出一随机窄带正弦波信号，信号的频率与车速成正比。将传感器输出的信号经 TRF 型带通跟踪滤波器滤波和整形后，转换为标准 TTL 脉冲输出，每一脉冲严格对应汽车相对地面走过的一段距离。将输出信号经过计数和微机处理后就可实时显示车速、路程、加速度和经过时间，并可将数据进行存储和打印。

二、检测方法

1. 制动距离的检测

1）准备工作

（1）车辆准备。汽车应运行至正常热状态。

（2）测试系统的准备。

①如果五轮仪自备电源，那么使用前应按使用说明书的要求充电至规定电压。

②将传感器部分固定在汽车侧面或尾部的车身上（非接触式车速仪的传感器一般固定在汽车侧面），接触式五轮仪以不影响其车轮左右摆动为准，并用打气筒对车轮充气至适当程度。

③将记录仪放置在驾驶室或车厢内，正面朝上，水平放置，其前端要对准汽车前进方向并紧靠在固定部位，以防制动时撞击。

④用信号线把充气车轮上的传感器或非接触式光电传感器与记录仪连接起来。脚踏开关一端通过导线插接在记录仪上，另一端套在制动踏板上。用汽车蓄电池作为电源的五轮仪，还应把电源线一端插接在记录仪上，另一端夹持在蓄电池正、负极上。

⑤打开记录仪电源开关，按照使用说明书的要求进行检查与自校。如果要求预热，那么应预热至规定时间。

⑥微机控制的五轮仪使用前应首先进入初始化程序。一般，该类型的五轮仪在电源开关打开后可自动进入初始化程序或通过输入的方法进入初始化程序。

⑦凡要求置入五轮修正系数的五轮仪，均应按照使用说明书上的方法置入。

⑧检测制动距离前，必须将与制动有关的旋钮、开关或按键打到规定位置，并预选（按下对应的键或输入选择的值）制动初速度。

2）检测步骤

（1）检测制动距离时，按照国家标准的有关规定，应在符合要求的道路条件和气候条件下，汽车空载或满载加速行驶，驾驶员根据记录仪上指示的瞬时车速或音响的提示，至预选制动初速度时，用力踩下制动踏板直至汽车停止。制动时的踏板力(可安装踏板力计)或制动气压应符合规定要求。

(2)读取并打印检测结果。可读取并打印测得的制动初速度、制动距离、制动系统反应时间和制动全过程时间等检测结果。有的五轮仪还能读取制动减速度或打印"速度-时间"曲线和"减速度-时间"曲线等。以上检测结果是实际试验结果。实际试验结果中的制动初速度不一定正好等于预选制动初速度，可能大于或小于预选制动初速度。有些微机控制的五轮仪可以将实际试验结果修正到预选制动初速度下的试验结果，以便直接与诊断参数标准进行对照。

(3)按下记录仪"重试"键或"复位"键，仪器复原，可重新进行检测。微机控制的五轮仪在打印结束后一般能自动回到初始化程序。

(4)检测制动性能应在同一路段正、反两个方向上进行，测得的制动距离及其他参数取平均值。汽车倒车时，应将传感器部分的充气车轮转向180°或由专人提离地面。

(5)路试结束后，关闭记录仪电源，拆卸电源线、信号线和脚踏开关，并从车身上拆下传感器部分。

2. 制动稳定性的检测

在上述制动距离检测过程中，当车辆停止时，观察车身在试车道上的状态，要求制动过程中机动车的任何部位(不计入车宽的部位除外)不允许超出规定宽度的试验通道的边缘线。

3. 充分发出平均减速度的检测

充分发出平均减速度的检测与制动距离的检测相同，只不过是仪器根据实测的制动初速度 v_0 和制动距离 S_b、S_e 用式(5-3)计算确定。

对已在制动试验台上检测过的车辆，制动力平衡及前轴制动率符合要求，但当整车制动率未达到合格要求时，用便携式制动性能检测仪检测，对于乘用车及其他总质量不大于 4 500 kg 的汽车的制动初速度应不低于 30 km/h；对于其他汽车、汽车列车及无轨电车，制动初速度应不低于 20 km/h，急踩制动踏板后测取 MFDD 及制动协调时间。

4. 驻车制动的检测

将车辆驶上坡度为20%(总质量为整备质量的1.2倍以下的车辆为15%)，附着系数不小于0.7(混凝土或沥青路面)的坡道上，按正、反两个方向保持固定不动，其时间不少于 2 min，检测车辆的驻车制动是否符合要求。

5. 检测标准

根据 GB 7258—2017 中需测取制动距离和制动稳定性，或测取制动减速度、整车制动协调时间及制动稳定性，并评价。具体如下。

1)用制动距离检验行车制动性能

机动车在规定的初速度下的制动距离和制动稳定性要求应符合表5-3的规定。对空载检验的制动距离有质疑时，可用表5-3规定的满载检验制动距离要求进行。

表5-3　制动距离和制动稳定性要求

机动车类型	制动初速度/ (km·h^{-1})	空载检验制动 距离要求/m	满载检验制动 距离要求/m	试验通道宽度/ m
三轮汽车	20	≤5.0		2.5
乘用车	50	≤19.0	≤20.0	2.5
总质量小于或等于3 500 kg 的低速货车	30	≤8.0	≤9.0	2.5
其他总质量小于或等于 3 500 kg的汽车	50	≤21.0	≤22.0	2.5
铰接客车、铰接式无轨电车、 汽车列车(乘用车列车除外)	30	≤9.5	≤10.5	3.0①
其他汽车、乘用车列车	30	≤9.0	≤10.0	3.0①
两轮普通摩托车	30	≤7.0		—
边三轮摩托车	30	≤8.0		2.5
正三轮摩托车	30	≤7.5		2.3
轻便摩托车	20	≤4.0		—

注：①对车宽大于2.55 m的汽车和汽车列车，其试验通道宽度(单位：m)为"车宽(m)+0.5"。

2)用充分发出平均减速度检验行车制动性能

汽车、汽车列车在规定的初速度下急踩制动时，充分发出平均减速度及制动稳定性要求应符合表5-4的规定，且制动协调时间对液压制动的汽车应小于或等于0.35 s，对气压制动的汽车应小于或等于0.60 s，对汽车列车、铰接客车和铰接式无轨电车应小于或等于0.80 s。对空载检验的充分发出平均减速度有质疑时，可用表5-4规定的满载检验充分发出平均减速度进行。

表5-4　充分发出平均减速度和制动稳定性要求

机动车类型	制动初速度/ (km·h^{-1})	空载检验充分 发出的平均减 速度/(m·s^{-2})	满载检验充分 发出的平均减 速度/(m·s^{-2})	试验通道宽度/ m
三轮汽车	20	≥3.8		2.5
乘用车	50	≥6.2	≥5.9	2.5
总质量小于或等于3 500 kg的 低速货车	30	≥5.6	≥5.2	2.5
其他总质量小于或等于3 500 kg 的汽车	50	≥5.8	≥5.4	2.5
铰接客车、铰接式无轨电车、 汽车列车(乘用车列车除外)	30	≥5.0	≥4.5	3.0①
其他汽车、乘用车列车	30	≥5.4	≥5.0	3.0①

注：①对车宽大于2.55 m的汽车和汽车列车，其试验通道宽度(单位：m)为"车宽(m)+0.5"。

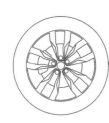 **第六章**
汽车操纵稳定性

　　根据道路及交通情况，汽车有时直线行驶，有时沿曲线行驶。在出现意外情况时，驾驶员还要做出紧急的转向操作，以避免事故。此外，汽车在行驶中还不断受到地面不平和大风等外界因素的干扰。为此，汽车应具备良好的操纵稳定性。

第一节　汽车操纵稳定性分析

一、概述

1. 汽车操纵稳定性包含的内容

(1)汽车正确遵循驾驶员通过操纵机构所给定方向的能力。

(2)汽车抵抗企图改变行驶方向干扰、保持稳定行驶方向的能力。不能过分降低车速或造成驾驶员疲劳。

2. 操纵稳定性不好的具体表现

(1)"飘"——汽车自己改变方向。一般由汽车行驶过程中的空气升力或汽车转向系统、轮胎、悬架系统等问题导致。

(2)"反应迟钝"——转向反应慢。主要由汽车转向系统传动比太大导致。

(3)"晃"——左右摇摆，行驶方向难以稳定。

(4)"丧失路感"——在高速或急剧转向时使驾驶员丧失路感，导致判断困难。

(5)"失控"——某些工况下汽车不能控制方向。一般由汽车制动时无法转向、甩尾、侧滑、侧翻等状况导致。

　　汽车操纵稳定性的基本内容和主要评价参数如表6-1所示。

表6-1　汽车操纵稳定性的基本内容和主要评价参数

项目	基本内容	主要评价参数
直线行驶性能	直线行驶性 侧向风敏感性 路面不平敏感性 节气门变化响应 不平路面上车道保持能力	车速、方向盘转角和力矩、侧向偏移、质心侧偏角

项目	基本内容	主要评价参数
弯道行驶特性（稳态）	原地转向轻便性 低速行驶转向轻便性 高速行驶转向轻便性 稳态圆周行驶能力 转向半径	转向力、转向功、摩擦力和力矩、侧偏角、侧倾角、侧向加速度、最小转弯半径
弯道行驶特性（过渡特性）	方向盘角阶跃输入下进入的稳态响应-转向特性 方向盘角阶跃输入下的瞬态响应 横摆角速度频率响应特性 回正性 湿路面行驶方向盘中心区操纵稳定性	稳态横摆角速度增益-转向灵敏度、反应时间、横摆角速度波动的无阻尼圆频率、共振峰频率、振幅比、相位滞后角、稳态增益、横摆角速度超调量、回正后残余横摆角速度、稳定时间、转向灵敏度、横摆角速度增益、转向力特性、转向功灵敏度、转向刚度、转向摩擦力矩
典型行驶工况性能	蛇行性能 移线性能 双移线性能-回避障碍性能	方向盘转角、转向力、侧向加速度、横摆角速度、侧偏角、车速等
极限行驶性能	圆周行驶极限侧向加速度 抗侧翻能力 发生侧滑时的控制能力（正弦迟滞试验） 冰雪操稳道路行驶能力	极限车速，极限车身侧倾角、极限侧向加速度、通过时间、横摆角速度、方向盘转角、侧向偏移量、质心侧偏角

3. 汽车坐标系与时域响应

汽车的运动是借助于运动着的汽车上的动坐标系——汽车坐标系来描述的，如图 6-1 所示。

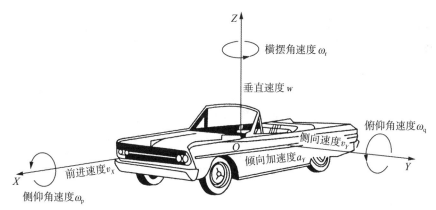

图 6-1 汽车坐标系

汽车的时域响应可分为不随时间变化的稳态响应和随时间变化的瞬态响应。

方向盘角阶跃输入下进入的稳态响应：汽车等速直线行驶是一种稳态。若在汽车等速直线行驶时，急速转动方向盘，然后维持其转角不变，即给汽车以方向盘角阶跃输入，一般汽车经短暂时间后便进入等速圆周行驶，这也是一种稳态。

方向盘角阶跃输入下进入的瞬态响应：在等速直线行驶与等速圆周行驶这两个稳态运

动之间的过渡过程是一种瞬态。

汽车的等速圆周行驶，即汽车方向盘角阶跃输入下进入的稳态响应，虽然在实际行驶中不常出现，却是表征汽车操纵稳定性的一个重要的时域响应，一般也称它为汽车的稳态转向特性。具体汽车稳态响应分析参见本节"三、汽车的转向特性"。

汽车的操纵稳定性和汽车行驶时的瞬态响应有密切关系。如图 6-2 所示，汽车的瞬态响应有以下几个评价指标。

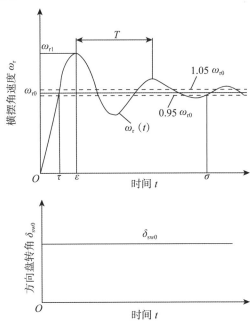

图 6-2　汽车的瞬态响应

1）反应时间

汽车的横摆角速度不能立即达到稳态横摆角速度 ω_{r0}，而要经过时间 τ 后才能第一次达到 ω_{r0}。这一段滞后的时间称为反应时间。这段时间应尽量短，反应时间较长，驾驶员将感受到汽车转向反应迟钝。

2）峰值响应时间

从时间坐标原点开始，到所测横摆角速度响应达到第一个峰值止，这段时间称为峰值响应时间。由于转动方向盘的起始时间难以准确确定，而且开始转动及停止转动方向盘前，方向盘转角变化速率较大，所以响应时间与峰值响应时间只是一个相互比较的参考性数据。

3）横摆角速度超调量

在 $t = \varepsilon$ 时，横摆角速度达到最大值 ω_{r1}，ω_{r1}/ω_{r0} 的百分数称为超调量。超调量表明瞬态响应中执行指令误差的大小，超调量越小越好。减小超调量可使横摆角速度波动较快衰减。

4）横摆角速度的波动量

在瞬态响应中，横摆角速度值 ω_r 在 ω_{r0} 值上下波动。车速一定时，ω_r 值的波动表现在转向半径 R 的时大时小，这就增加了驾驶的难度。汽车横摆角速度的波动周期 T 或频率，也是评价瞬态响应的重要参数。

5）稳定时间

横摆角速度达到稳定值 ω_0 的 95%～105% 的时间，称为稳定时间。这段时间应尽量短，凡是能使横摆角速度加快衰减的因素，也是使稳定时间缩短的因素。

4. 人-汽车闭环控制系统

在对汽车时域响应的讨论中，假定驾驶员的任务只是机械地急速转动方向盘至某一转角并维持此角度不变，而不允许根据汽车的转向运动做出任何操纵修正动作，即不允许驾驶员起任何反馈作用。因此，汽车的时域响应只是把汽车作为开环控制系统的控制特性。它们完全取决于汽车的结构与参数，是汽车本身固有的特性。汽车作为开环控制系统的时域响应可以通过建立数学模型进行理论分析，也可以使用测试设备在试验中客观地进行测量。

但是，汽车的操纵稳定性最终应该是由驾驶员来评定的，操纵稳定性与驾驶员的操纵特性是紧密相关的。因此，操纵稳定性和研究对象应该是把驾驶员与汽车作为统一整体的人-汽车系统，而不能忽略驾驶员的反馈作用。

如图 6-3 所示，人-汽车系统是一个闭环控制系统。在汽车行驶过程中，驾驶员根据需要，操纵方向盘使汽车做转向运动。路面的凹凸不平、侧风、偏载等都会影响汽车的行驶，驾驶员需根据道路、交通等情况，通过眼、手及身体感知的汽车运动状况（输出参数），经过头脑的分析、判断（反馈），修正其对方向盘的操纵。如此不断地反复循环，操纵汽车行驶前进。

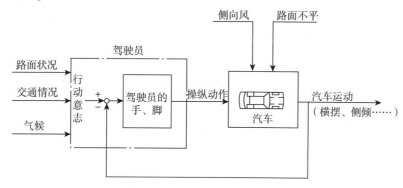

图 6-3　人-汽车闭环控制系统

5. 汽车操纵稳定性的两种评价方法

汽车操纵稳定性通过试验来进行测定与评价，有主观评价和客观评价两种方法。

客观评价法是评价开环控制系统，通过测试仪器测出横摆角速度、侧向加速度、侧倾角及转向力等，来评价操纵稳定性。客观评价通过仪器测试能定量评价汽车操纵稳定性，且能通过分析求出其与汽车结构参数间的关系。

主观评价法是评价闭环控制系统，评价员根据试验时自己的感觉来进行评价，并按规定的项目和评分办法进行评分。主观评价考虑到了人的感觉，能发现仪器不能测试出的现象，是操纵稳定性的最终评价方法，但很难给出定量评价数据。

二、轮胎的侧偏特性

1. 轮胎的坐标系

为了讨论轮胎的机械特性，需要建立一个坐标系，如图6-4所示。垂直于车轮旋转轴线的轮胎中分平面称为车轮平面，坐标系的原点O为车轮平面和地面的交线与车轮放置轴线在地面的投影线的交点。

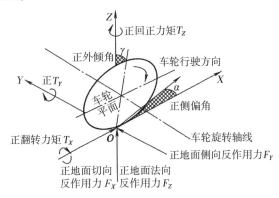

图6-4　轮胎的坐标系

2. 轮胎的侧偏现象、侧偏力和侧偏特性曲线

轮胎的侧偏是指因轮胎侧向弹性，车轮受侧向力的作用使轮心速度方向偏离车轮平面的现象。汽车在行驶过程中，由于路面的侧向倾斜、侧向风或曲线行驶时的离心力等作用，车轮中心沿Y轴方向将作用有侧向力，相应地在地面上产生侧向反作用力，也称为侧偏力。

当有地面侧向反作用力时，若车轮是刚性的，则可能发生两种情况：一是当地面侧向反作用力未超过车轮与地面间的附着极限时，车轮与地面间没有滑动，车轮仍沿其本身平面的方向行驶，如图6-5(a)所示；二是当地面侧向反作用力达到车轮与地面间的附着极限时，车轮发生侧向滑动，沿合成速度方向行驶，偏离了方向，如图6-5(b)所示。

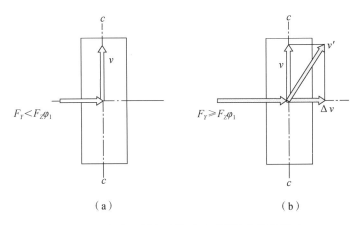

(a)　　　　　　　　　　　　(b)

图6-5　有地面侧向反作用力时刚性车轮的滑动

为了说明轮胎侧偏现象，假设具有侧向弹性的车轮在垂直载荷为 G 的条件下，车轮中心受到侧向力，地面相应地有侧偏力时的两种情况如下。

第一种情况，如图 6-6(a)所示，车轮静止不滚动。由于车轮有侧向弹性，轮胎发生侧向变形，轮胎胎面接地印迹的中心线与车轮平面不重合，错开，但仍平行于车轮平面。

第二种情况，如图 6-6(b)所示，车轮滚动。车轮滚动时接地印迹的长轴线 aa，不只是和车轮平面错开一定距离，而且不再与车轮平面 cc 平行。图 6-6(b)中车轮的滚动过程中，车轮平面上点 A_1、A_2、A_3…依次落在地面上，形成点 A_1'、A_2'、A_3'…，点 A_1'、A_2'、A_3'…的连线与车轴平面 cc 的夹角 α 即为侧偏角。显然，侧偏角 α 的数值与侧向力 F_Y 有关。

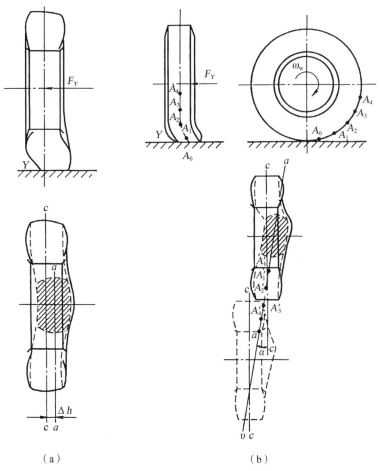

（a）　　　　　　　　　　　（b）

图 6-6　轮胎的侧偏现象

(a)静止；(b)滚动

试验发现，侧偏角与侧偏力之间存在一定关系，此关系曲线称为轮胎的侧偏特性曲线，如图 6-7 所示。曲线表明，侧偏角不超过 3°~5° 时，F_Y 与 α 成线性关系。汽车正常行驶时，侧偏角一般不超过 4°~5°，可以认为侧偏角与侧偏力成线性关系，即

$$F_Y = K \cdot \alpha \qquad (6-1)$$

式中　K——侧偏刚度(N/rad)。

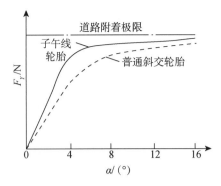

图 6-7　轮胎的侧偏特性曲线

侧偏刚度绝对值越大,在同样侧偏力作用下,产生的侧偏角越小,相应的操纵稳定性能越好。

侧偏刚度是决定操纵稳定性的重要参数,最大侧偏力取决于附着条件,即垂直载荷,包括轮胎胎面花纹、材料、结构、充气压力,路面的材料、结构、潮湿程度,以及车轮外倾角等因素。最大侧偏力越大,汽车极限性能越好,汽车圆周行驶的极限侧向加速度就越高。

3. 影响侧偏特性曲线的因素

1)垂直载荷的影响

垂直载荷增大,侧偏刚度增大。但是,垂直载荷太大,侧偏刚度反而减小。

2)轮胎形式和结构参数的影响

(1)子午线轮胎比普通斜交胎侧偏刚度大。

(2)扁平比(轮胎高度 H/宽度 B)小的轮胎侧偏刚度大。

(3)胎压大,则侧偏刚度大,但胎压太大,侧偏刚度基本不变。试验时,可通过减少胎压改变稳态试验结果。

3)路面的影响

(1)路面干湿程度的影响:路面越湿,最大侧偏力越小。

(2)薄水层的影响:路面有薄水层时,轮胎可能会完全失去侧偏力,称为"滑水"现象。

4. 回正力矩——绕 OZ 轴的力矩

在轮胎发生侧偏时,还会产生作用于轮胎绕 OZ 轴的力矩。圆周行驶时,该力矩是使转向车轮回复到直线行驶位置的主要回复力矩之一,称为回正力矩。

轮胎的形式及结构参数对回正力矩有重要影响。在同样侧偏角情况下,轮胎尺寸大时,一般回正力矩较大。子午线轮胎的回正力矩比普通斜交轮胎大。

轮胎的胎压越低,接地印迹越长,轮胎拖距越大,回正力矩就越大。

地面切向反作用力对回正力矩的影响是随着驱动力的增加,回正力矩达到最大值再下降。

在制动力作用下,回正力矩不断减小,到一定制动力时为零,其后变为负值。

5. 有外倾角时轮胎的滚动

汽车两前轮有外倾角,具有绕各自旋转轴线与地面的交点向左右两侧滚动的趋势。滚动的趋势若不受约束,犹如发生侧偏一样,前轮将偏离正前方向而各自向左右侧滚动。实际上，由于前轴的约束，两个车轮只能一起向前行驶。因此，车轮中心必作用有一侧向力，把车轮"拉"回至同一方向向前滚动。与此同时，轮胎接触地面产生一方向相反的侧向反作用力，这就是外倾侧向力。

随着外倾角的增大，胎面与路面接触越来越差。因此，高速轿车外倾角为零，特别是采用超宽断面轮胎的赛车。

车轮有外倾角时还产生回正力矩。按照轮胎坐标系的规定，正侧偏角对应负的侧偏力与正的回正力矩；正外倾角对应负的外倾侧向力与负的外倾回正力矩。

三、汽车的转向特性

为了便于掌握操纵稳定性的基本特性，我们将对一简化为线性二自由度的汽车模型进行研究。分析中忽略转向系统的影响，直接以前轮转角作为输入；忽略悬架的作用，认为汽车只作平行于地面的运动，即汽车沿 Z 轴的位移，绕 Y 轴的俯仰角与绕 X 轴的侧倾角均为零。另外，在本章特定条件下，汽车沿 X 轴的前进速度 v 视为不变。因此，汽车只有沿 Y 轴的侧向运动与绕 Z 轴的横摆运动这样两个自由度，如图 6-8 所示。

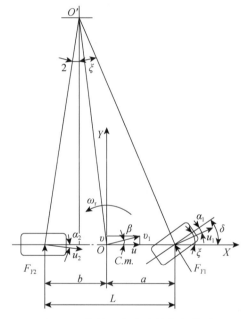

图 6-8　线性二自由度的汽车模型

1. 前轮角阶跃输入下进入的汽车稳态响应——等速圆周行驶

1）稳态响应

汽车等速行驶时，在前轮角阶跃输入下进入的稳态响应就是等速圆周行驶。常用输出与输入的比值，如稳态时的横摆角速度与前轮转角之比来评价稳态响应。

这个比值称为稳态横摆角速度增益，也称为转向灵敏度。其公式为

$$\left(\frac{\omega_r}{\delta}\right)_s = \frac{v/L}{1 + Kv^2} \qquad (6\text{-}2)$$

$$K = \frac{m}{L^2}\left(\frac{a}{k_2} - \frac{b}{k_1}\right) \qquad (6\text{-}3)$$

式中　k_1、k_2——汽车前、后车轮的侧偏刚度；

　　　　K——稳定性因素，是表征汽车稳态响应的一个重要参数。

2）稳态响应的 3 种类型

根据 K 的数值，汽车的稳态响应分为 3 类。

（1）中性转向。

当 $K = 0$ 时，即横摆角速度增益与车速成线性关系，这种稳态称为中性转向，如图 6-9 所示。

中性转向的汽车，当方向盘保持一个固定的转角加减速行驶时，汽车的转向半径不变，与车速无关。

（2）不足转向。

当 $K > 0$ 时，横摆角速度增益不再与速度成线性关系，而是一条低于中性转向汽车稳态横摆角速度增益线、又向下弯曲的曲线，如图 6-9 所示。具有这样特性的汽车称为不足转向汽车，K 值越大，横摆角速度增益曲线越低，不足转向量越大。

（3）过多转向。

当 $K < 0$ 时，横摆角速度增益比中性转向时大。随着车速的增加，曲线向上弯曲，如图 6-9 所示。具有这种特性的汽车称为过多转向汽车，K 值越小，过多转向量越大。

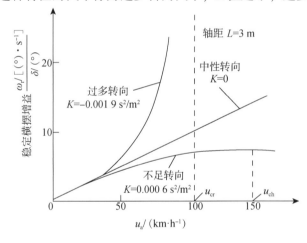

图 6-9　汽车稳态横摆角速度增益曲线

3）表征稳态响应的参数（缺参数）

（1）前、后车轮侧偏角绝对值之差。前、后车轮侧偏角绝对值之差增加，转向半径增加，汽车具有不足转向特性；前、后车轮侧偏角绝对值之差减小，转向半径减小，汽车具有过多转向特性；绝对值等于零时，汽车具有中性转向特性。

（2）转向半径的比值 R/R_0。当 $R/R_0 = 1$，为中性转向；当 $R/R_0 > 1$，为不足转向；当 $R/R_0 < 1$，为过多转向。

（3）静态储备系数 $S \cdot M$。静态储备系数 $S \cdot M$ 就是中性转向点至前轴距离和汽车质心至前轴距离之差与轴距之比，用来表征汽车稳态响应。其中，中性转向点即为使汽车前、后轮车产生同一侧偏角的侧向力作用点。

当中性转向点与质心重合时，$S \cdot M = 0$，在质心位置上作用的侧向力引起前、后车轮的侧偏角相等，汽车具有中性转向特性。

当质心在中性转向点之前时，$S \cdot M > 0$，在质心位置上作用的侧向力引起的前轮侧偏角大于后轮侧偏角，汽车具有不足转向特性。

当质心在中性转向点之后时，$S \cdot M < 0$，在质心位置上作用的侧向力引起的后轮侧偏角大于前轮侧偏角，汽车具有过多转向特性。

2. 影响转向特性的因素

1）汽车的质量分配与车轮侧偏刚度的匹配

在汽车设计及改装中，应使汽车的质量在前、后轴的分配与车轮的侧偏刚度相适应，使稳定性因素 $K > 0$，以保证汽车的不足转向特性。

前置发动机前驱车，前轴的轴荷较大，转弯时前轴承担的离心惯性力较大，在前、后车轮侧偏刚度相同的情况下，前轮会产生较大的侧偏角，故趋向不足转向特性。反之，后置发动机后驱车则趋向过多转向特性。

2）轮胎气压

轮胎气压对侧偏刚度影响很大。降低轮胎气压，侧偏刚度下降，可以产生较大的侧偏角。汽车说明书中规定的轮胎气压是考虑了获得不足转向特性的数值，故使用中应注意在冷态下检查并按说明书的规定调整轮胎的气压。有的高速轿车甚至规定了每种乘坐条件及不同季节时前、后轮胎的气压，以确保需要的不足转向特性。前轮气压低于规定值，仅使汽车不足转向特性增强，转向灵敏度即横摆角速度增益下降；而后轮气压过低，后轮侧偏角增大，甚至使原来具有不足转向特性的汽车变为过多转向特性汽车，对操纵稳定性带来严重影响。

3）轮胎结构

不同结构（帘布层数、扁平率等）、不同形式（子午线轮胎、普通斜交线轮胎）的轮胎，由于侧偏刚度不同，可能使汽车具有过多转向特性。

子午线轮胎和普通斜交线轮胎在车上混合装用对汽车的操纵稳定性具有严重影响。子午线轮胎侧偏刚度大，若仅前轮改用子午线轮胎，可使前轮侧偏角减少，如果小于后轮侧偏角，可使原来具有不足转向特性的汽车变为过多转向特性汽车。

扁平率小的宽轮胎，侧偏刚度大，产生的侧偏角小。因此，如仅前轮换用扁平率小的轮胎，有使汽车呈过多转向的倾向；如仅后轮换用，则有使汽车呈不足转向的倾向。

4）驱动形式

转向时施加于轮胎上的切向力增加，轮胎的侧偏刚度下降，使产生的侧偏角增加。因此，后轮驱动的汽车，转向时施加驱动力，使后轮侧偏角增加，有减弱不足转向特性、向过多转向特性转化的倾向；前轮驱动的汽车，转向时施加驱动力，使前轮侧偏角增加，有增强不足转向特性的倾向。

5）左、右车轮垂直载荷再分配

轮胎侧偏刚度在一定范围内随垂直载荷的增加而增加。在侧向力作用下，若前轴左、右车轮垂直载荷变动量大，则汽车趋向减弱不足转向特性。由于增加前悬架的角刚度，能使侧倾力矩分摊到前轴上的数值增加，因而能使前轴左、右车轮垂直载荷的变动量加大。减少后悬架的角刚度，能使侧倾力矩分摊到后轴上的数值减少，因而能使后轴左、右车轮垂直载荷的变动量减少，有利于增强汽车的不足转向特性。

6）轴转向

车身侧倾时，由于悬架导向杆件的运动学关系，前轴或后轴会相对于车身转动某一角度。这使轮心运动方向发生变化，具有与侧偏现象相同的效果，所以这种现象称为运动学

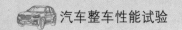

侧偏，或称轴转向。

车身侧倾时，由于悬架变形使后轴沿离心力对该轴中点产生的转矩的相反方向转过某一角度，则汽车趋向增强不足转向特性。若后轴沿离心力对该轴中点产生的转矩的相同方向转过某一角度，汽车则趋向减弱不足转向特性。如果前轴为非独立悬架，也存在轴转向问题，其分析的结论是相同的。

7) 侧倾时车轮外倾角变化

车身侧倾时，由于悬架形式的不同，车轮外倾角会发生变化，使轮心前进方向发生变化，这与轮胎侧偏具有相同效果，可以使汽车的转向特性发生变化。

8) 轮胎回正力矩对侧偏

回正力矩即稳定力矩，汽车转弯时各轮上都受回正力矩的作用，有使前、后轴侧偏角加大的效果。作用在前轮上的回正力矩，有增强不足转向特性的倾向；作用在后轮上的回正力矩，有减弱不足转向特性的倾向。由于前轮的回正力矩较大，故汽车回正力矩的总效果往往趋向增强不足转向特性。

第二节　车轮定位参数

为了提高汽车的操纵稳定性，使其操纵轻便、确保其自动直线行驶和自动回正的能力以及减少轮胎磨损，汽车车轮和主销都设计有多种角度参数，统称车轮定位参数。以前，车轮定位主要指转向轮前束（或前张）、车轮外倾、主销后倾和主销内倾等角度参数，也统称为前轮定位。现代汽车为了使前、后轮更好地配合，对后轮前束（或前张）和后轮外倾也提出要求，称为后轮定位。因此，一般车轮定位包括前、后轮定位，也统称四轮定位。

一、主销内倾角、包容角与磨胎半径

1. 主销内倾角

主销内倾角与包容角如图 6-10 所示，在横向平面内，主销上部向内倾斜一个角度 β，称之为主销内倾角。主销内倾角有以下两个作用。

1) 使车轮自动回正

如图 6-11 所示，汽车行驶时，当转向轮由中间位置偏转一个角度时，因主销轴线有倾斜，转向轮将企图向斜下方转动，但车轮并不会陷入地面，实际结果只是汽车前部被抬高。当方向盘放松时，汽车的重力就可使转向轮回复到原来的中间位置。

2) 使转向操纵轻便

当汽车转向，车轮围绕转向轴线偏转时，会受到地面的阻力矩作用。这种阻力矩作用在轮胎接地面的中心，从转向轴线接地点到轮胎接地面中心之间的距离（见图 6-10 中的 C）称为偏移距或磨胎半径。主销内倾与前轮外倾共同使磨胎半径 C 减小，因而也减小了转向阻力。但 C 值也不宜过小，即内倾角不宜过大，否则在转向时，车轮绕主销偏转的过程中，轮胎与地面间将产生较大的滑动摩擦，从而加速轮胎的磨损。一般主销内倾角为 $5° \sim 8°$，这个角度由汽车的结构决定，设计时已经确定，一般是不可调的。

2. 包容角

主销内倾角 β 与前轮外倾角 α 之和 称为包容角 δ ，如图 6-10 所示。主销内倾角和前轮外倾角的关系已由悬架和转向节的结构决定。汽车实际行驶时，因路面不平，车轮外倾角和主销内倾角都可能随时变化，但包容角并不改变。因此，检查包容角是否有变化，可以用于检验诊断悬架系统结构定位是否失准。

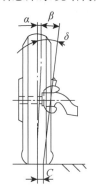

图 6-10　主销内倾角与包容角

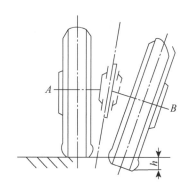

图 6-11　主销内倾的自动回正作用

3. 磨胎半径

根据前轮外倾和主销内倾角度的不同，可以形成正、负和零 3 种磨胎半径。若转向轴线接地点位于轮胎中心线内侧，称为正磨胎半径，如图 6-12（a）所示；若转向轴线接地点落在轮胎中心线外侧，称为负磨胎半径，如图 6-12（b）所示；如果转向轴线与轮胎中心线在地面重合，称为零磨胎半径，如图 6-12（c）所示。

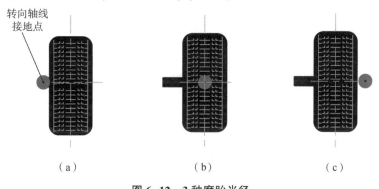

（a）　　　　　　　　　　（b）　　　　　　　　　　（c）

图 6-12　3 种磨胎半径

（a）$C>0$；（b）$C=0$；（c）$C<0$

由于车轮与地面的相互作用，正的或负的磨胎半径都会对车轮形成转矩，因而对汽车运行性能产生影响。

1）对前束的影响

如图 6-13 所示，对于后驱车来说，因地面阻力作用，正的磨胎半径会减少前束、增大前张（见图 6-13（a）），反之，负的磨胎半径会增大前束（见图 6-13（b））；对于前驱车来说，情况正相反（见图 6-13（c）、（d）），在急加速时这种现象更加明显。

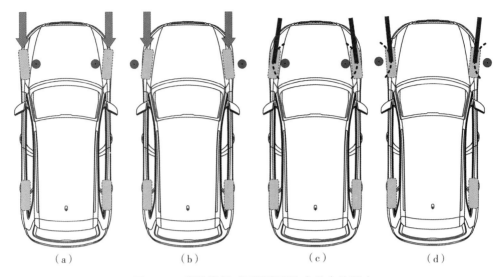

（a） （b） （c） （d）

图 6-13 磨胎半径对不同类型汽车前束的影响

（a）后驱车，$C>0$；（b）后驱车，$C<0$；（c）前驱车，$C>0$；（d）前驱车，$C<0$

2）对行驶方向稳定性的影响

对于前驱车，若因某种原因（如两侧地面附着力不同）导致左侧驱动力小于右侧驱动力，汽车将向左跑偏，如图 6-14 所示。此时，若前轮有负的磨胎半径，右侧驱动力较大，右侧车轮绕转向轴线外转的力矩也比左侧的大，它有使车辆向右转的倾向，一定程度上抵消了向左跑偏的趋势。因此，负的磨胎半径有利于行驶方向稳定性。

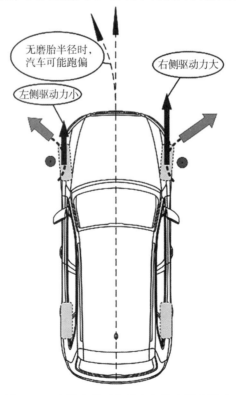

图 6-14 磨胎半径对行驶方向稳定性的影响

3）对制动效能的影响

如图 6-15 所示，汽车紧急制动时，若右侧制动力大于左侧制动力，当磨胎半径为正时，车辆将会偏向制动力大的一侧；而当磨胎半径为负时，则相反。可见，负的磨胎半径有提高紧急制动时行驶方向稳定性的作用，而且与汽车驱动方式无关。

由于这样一些考虑，有的现代汽车设计的主销内倾角很大，甚至超过了 10°，以形成负的磨胎半径。

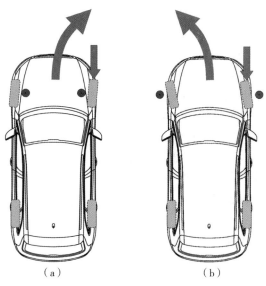

图 6-15　磨胎半径对制动效能的影响

（a）$C>0$；（b）$C<0$

二、主销后倾角

车轮转向时是围绕主销轴线转动的。因悬架结构的不同，有的汽车没有主销，转向节上下球头销之间连线即主销轴线，也是车轮的转向轴线。在纵向平面内，主销上部相对于铅垂线向后倾斜一定角度 γ，称为主销后倾角，如图 6-16 所示。一般汽车主销是向后倾斜的，规定其角度为正；也有的汽车主销是向前倾斜的，规定其角度为负。

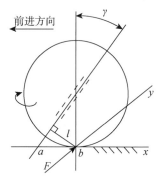

图 6-16　主销后倾角

主销后倾的作用是保持汽车直线行驶的稳定性，并使转弯后的转向轮自动回正，使转向轻便。

三、前轮外倾角

转向轮安装在车桥上时，其旋转平面上方略向外倾斜的现象，称为前轮外倾。车轮旋转平面与纵向垂直平面之间的夹角 α，称为前轮外倾角，如图 6-10 所示。当车轮上端向外倾斜时，规定外倾角为正，若向内倾斜则外倾角为负。前轮外倾有以下作用。

（1）前轮外倾将使车轮接地点靠近主销轴线的接地点，从而减小转向力矩，可使转向操纵轻便。

（2）若前轮无外倾，则满载时，车桥和悬架系统将因承载变形而可能出现内倾。前轮内倾一方面会加速轮胎的偏磨损，另一方面路面对车轮的垂直反力沿轮毂的轴向分力将使轮毂压向轮毂外端的小轴承，加重外端小轴承及轮毂紧固螺母的负荷，降低它们的使用寿命。

（3）前轮外倾可以与拱形的路面相适应。

早期使用的大直径窄轮胎外倾角一般比较大，现代汽车多使用直径较小的宽轮胎，为了避免大外倾造成轮胎单边磨损，外倾角都比较小，一般为 1° 左右。

现代汽车高速行驶时的操纵稳定性至关重要。为提高高速转向时的操纵稳定性，有的汽车采用了零外倾或负外倾，这有利于减少高速急转时轮胎外侧边磨和外侧轮产生不利转向的"外倾推力"（因车身倾斜、外倾角过大造成）；增加车轮接地点的跨度，形成不足转向，增加汽车转弯时的横向稳定性。

前轮外倾角是由汽车的悬架、车架及转向节等结构决定的，汽车装配好后就确定了，一般不可以调整。

四、前轮前束

在安装车轮时，使汽车两前轮的中心平面不平行，两轮前边缘距离 A 小于两轮后边缘距离 B，$B-A$ 称为前轮前束，如图 6-17 所示。不同厂家对前束的测量位置有不同的规定，当后边缘的距离比前边缘距离大时，为正前束；反之为负前束，又称为前张或前展。

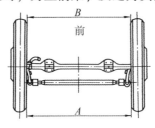

图 6-17 前轮前束

1. 前束的作用

前束的作用是消除车轮外倾造成轮胎的侧向力。车轮在向前滚动时，由于外倾角的存在，会形成类似圆锥的滚动，出现两个车轮企图向各自的外侧滚开的趋势。由于机械上的约束，车轮将在地面上出现边滚边向内滑的现象，这种横向滑移现象称为侧滑。侧滑会增加轮胎的磨损。

由于前束的存在，车轮在前进时，两轮有向内侧滚动的趋势，同样由于机械上的约束，车轮将出现边滚动边向外滑的现象。

可见，在侧滑的方向上，前轮外倾与前束是相反的。前束正是为了消除车轮外倾带来的这种不良影响而设置的。若前束调整得合适，可以完全抵消前轮外倾引起的侧滑。

一般前束数值为 0~12 mm。若折算成前束值，一般不超过 1°。

2. 转向时的前张现象

如图 6-18 所示，汽车在转弯时，各个车轮围绕一个共同的中心 O 做圆弧行驶，两个转向轮行驶圆弧半径不同，两轮的转向角也不同，内侧轮转向角大于外侧轮转向角，如图 6-18 中 $\varphi_1 > \varphi_2$，称为内外轮转角差。因此，转向时形成了前张或前展现象。

转向前张是由转向的梯形臂结构决定的，是不可调整的。一般情况下，当内侧轮转过 20°时，外侧轮所转过的角度应在 18.5°~19°，即此时转角差为 1°~1.5°，也称为转向 20°时转角差。转角差是用于检验诊断转向系统结构有无变形的重要参数。

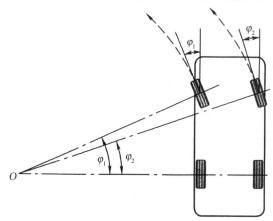

图 6-18 前轮转向时的转角差

五、退缩角

退缩角也称为车轴偏角，是指左右车轮轴线偏离理论轴线所形成的角度，如图 6-19 所示。

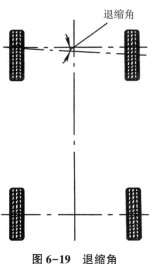

图 6-19 退缩角

正常情况下，左右车轮轴线应与汽车纵向中心线完全垂直，退缩角为零。退缩角多是由车辆遇到严重碰撞造成的，所以这是一个故障参数。退缩角实际上反映了车辆左右两侧轴距的变化。

汽车前、后轴都可能出现退缩角，实际的校验主要是针对前轴退缩角。对某轴来说，当右侧轮在左侧轮后面时，规定退缩角为正值；反之，当右侧轮在左侧轮前面时，退缩角为负值。退缩角也可以折算成偏移的毫米数。

由安装误差造成的微小退缩角对车辆行驶无影响。若因碰撞事故使退缩角大到某种程度，如前、后退缩角之和超过 0.2°，就会出现可感觉到的跑偏，跑偏方向朝向轴距较小一侧。此时，其他车轮定位参数(如主销后倾)也可能发生变化，必要时需先对车架(大梁)进行校正，再用四轮定位仪校验各车轮定位参数。

六、后轮定位

以前，多数汽车采用后轮驱动和非独立悬架，这类汽车只需要考虑前轮定位问题。进入 20 世纪 80 年代，汽车广泛采用了前轮驱动、四轮驱动和独立悬架结构，驱动形式复杂化及各车轮结构和运动的相对独立性，对后轮定位参数也提出了要求。因此，现代汽车的车轮定位是四轮定位的问题。其中，后轮定位参数主要包括后轮外倾和后轮前束、推进线和推进角等。

1. 后轮外倾和后轮前束

后轮外倾与后轮前束的基本概念以及两者的关系，与前轮外倾与前束大体上是一样的，只不过后轮还有自己特殊的问题。

现代汽车高速行驶时的操纵稳定性至关重要。为提高高速转向时的操纵稳定性，汽车后轮通常设计成负外倾角，这有利于增加车轮接地点的跨度，形成不足转向，增加转弯时的横向稳定性。另外，不少汽车采用了前轮驱动，后轮是从动轮。汽车的驱动力 F 通过纵臂作用于后轴上(见图 6-20)，若后轮无前束，当汽车高速行驶时，在驱动力 F 作用下，后轴将产生一定弯曲，使后轮出现前张现象。考虑这样一些因素后，往往预先给后轮设定一个小的前束，以减少高速行驶时的轮胎磨损。例如，红旗 CA7720 轿车后轮前束值为 8′，外倾角为 -58′。

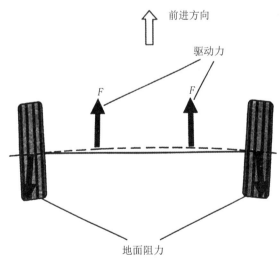

图 6-20 前驱车的后轮前张现象

2. 推进线和推进角

推进线又称为推力线，推进角又称为推力角。

推进线是一条有方向的直线，从后轴中点出发，其方向由左、右后轮前束值共同决定，所以推进线方向是后轮实际行进方向。推进线与汽车纵向几何中心线之间的夹角称为推进角。在理想情况下，若两后轮的前束对称、后轴也无退缩角，则推进线与几何中心线重合，如图6-21(a)所示。若两后轮的前束不对称[见图6-21(b)、(c)]，会出现推进角，其值为两前束值的平均值，规定推进角偏右为正，偏左为负。例如，左后轮前束值为+0.4°，右后轮为0°，则推进角为(+0.4°+0°)/2=+0.2°。若后轴存在退缩角而前束值正确，也会形成推进角，如图6-21(d)所示。

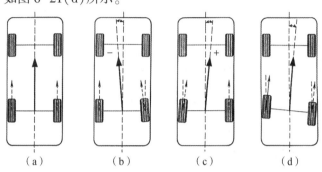

图 6-21　前驱车的后轮前张现象

　　可见，推进角也是一个故障参数。推进角的存在，使汽车的后轴运动方向偏离汽车的几何中心线，将导致汽车行驶跑偏、方向盘偏斜、方向稳定性变差、增加转向拉力和轮胎的磨损等，通常这是四轮定位调整时要解决的首要问题。

第三节　车轮动平衡校验

一、车轮动平衡校验的意义

　　把车轮看成一个旋转体，如果车轮的质量不均匀，那么当汽车行驶、车轮高速旋转时，不均匀的质量产生的离心力就会引起车轮的振动和偏摆，乃至影响整个汽车的行驶，而且车速越快，这种振动越严重。

　　引起车轮质量不均匀的主要原因如下。

　　(1)轮毂和轮辋的定位误差使安装中心与旋转中心不重合。

　　(2)轮胎和轮辋以及挡圈等因几何形状失准而先天形成重心偏离。

　　(3)车轮碰撞造成的变形引起质心位移。

　　(4)翻新轮胎因定位精度不高而造成新胎冠厚度不均匀而使重心改变。

　　(5)高速行驶中制动抱死而引起的纵向和横向滑移，造成局部的轮胎不均匀磨损等。

　　随着道路条件的改善和汽车行驶速度的提高，车轮质量不均匀对汽车性能的影响越来越大，影响汽车行驶平顺性、操纵稳定性、行驶安全性和乘坐舒适性。车轮质量不均匀还会加剧轮胎、转向机构、行驶系统及传动系统零部件的冲击和磨损，缩短其使用寿命。因此，在汽车正常使用一定时间后，尤其是在对轮胎、轮辋进行了修补、修复或更换新轮胎后，一定要对轮胎进行动平衡检测，国家标准对此也作了有关规定。

二、旋转体的静平衡与动平衡

　　旋转体的平衡问题，可以分为静平衡和动平衡两类。

1. 静平衡问题

如果一个旋转体是薄的圆盘形状，可以将它的轴置于两个平行的水平导轨上[见图6-22(a)]，观察它的运动状态。轻推圆盘，让它在导轨上慢慢转动然后自然停止。试验可以重复多次，如果每次它都能在任意位置停下来，就说明这个圆盘是质量均匀的，称它是静平衡的。反之，经多次试验后，如果发现每次停止时圆盘的同一点都是处于最低位置，说明圆盘质量是不均匀的，称这种旋转体是静不平衡的。为了简化，假设不均匀质量集中在一点为 m[见图6-22(b)]，那么只要 m 不是处于最低位置，圆盘就总要继续转动下去，直到 m 达到最低点为止。

静不平衡的旋转体高速旋转时会产生振动，这是不均匀质量旋转时的离心力造成的。离心力 F 的大小与不均匀质量 m 及旋转速度等有如下关系：

$$F = \frac{mv^2}{r} = mr\omega^2 \tag{6-4}$$

式中　m——不均匀质量；

　　　r——质量 m 到旋转中心的距离；

　　　v——质量 m 的旋转线速度；

　　　ω——旋转角速度。

另外，质量 m 与距离 r 的乘积 mr 称为"不平衡度"，反映不均匀质量的影响大小。

要解决静不平衡问题，可以有两种相反的方法：一是将旋转体上多余的不均匀质量"挖"掉；二是在它的对面完全对称的位置加上一个相同的质量 m[见图6-22(c)]，使它们产生的离心力互相抵消。以上两种方法都能达到静平衡的目的。

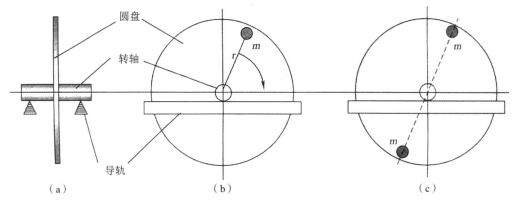

图6-22　静平衡示意图

实际机械设备中，凡是高速旋转的圆盘形零件，为了减少高速旋转时的振动，都需要进行静平衡校验。有时会看到在高速旋转的盘形零件外缘处钻有 1 或 2 个孔，就是为了静平衡调整的需要。

2. 动平衡问题

上述静平衡问题，当圆盘的厚度增大到不可忽略而成为圆柱形状时，就变得比较复杂。

一个圆柱可以看成由许多薄的圆盘叠成，不均匀质量可能在圆柱内部任何地方存在，而且各不均匀质量的大小、到旋转中心的位置以及相位(指相对于横坐标或纵坐标的角度)各不相同。把问题进行简化，将不均匀质量集中在圆柱体两个端面上，这两个面就称为校正面。如图6-23(a)所示，假设圆柱体一个端面 A 存在不均匀质量 m，但是在进行静平衡校验时不能确定不均匀质量 m 的轴向位置。这时，如果在另一个端面 B 的相对位置施加同样的质量 $m' = m$，这时圆柱体可以达到静平衡。但是，由于两个不均匀质量 m 与 m' 并不在同一平面内，一旦旋转起来，产生的两个离心力 F 与 F' 形成一个力偶[见图 6-23 (b)]，旋转体就会出现扭摆现象。这种旋转体是动不平衡的。可见，静平衡的旋转体不一定能保证动平衡。

要解决动平衡问题，就需要两个端面分别处理。如图 6-23(c)所示，在一般情况下，端面 A、B 各有不均匀质量 m_1 和 m_2，大小和位置各不相同，就需要在每个端面的相对位置上分别施加同样的质量 m_1' 与 m_2'，并且令 $m_1 = m_1'$，$m_2 = m_2'$。由于它们的质量和旋转半径都分别相同，产生的离心力也对应相等，即有 $F_1 = F_1'$，$F_2 = F_2'$，从而真正达到了动平衡。不难理解，达到动平衡的旋转体其一定是静平衡的。实际上，也可以分别将不均匀质量 m_1 和 m_2 "挖"掉。鼓风机、水泵、曲轴、电动机转子或试验台的滚筒等旋转体的端面上打了几个孔，或者额外加上几个螺钉垫片，一般就是为了动平衡调整的需要。

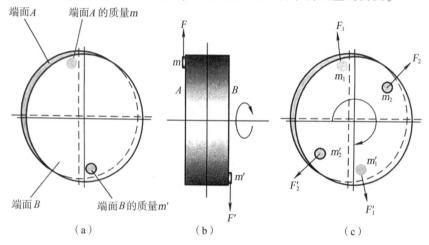

图 6-23　动平衡示意图

汽车车轮有一定的厚度，又是高速旋转的部件，若车轮质量不均匀，在高速旋转时就会造成上下和前后方向的振动和横向扭摆，所以需要做动平衡校验。调整方法一般是在轮辋两个端面上分别安装专用的垫片或平衡块。

三、车轮动平衡机简介

对于高速旋转的零件，当它的厚度不可忽略时(一般是轴向长度超过直径的 1/6，具体还与转速有关)，都需要做动平衡校验。一般用动平衡机做动平衡校验。

动平衡机有很多种类，从支承结构方面，可分为软支承平衡机和硬支承平衡机两种。软支承平衡机用弹性材料支承，支承刚度很低，旋转时振动幅度较大，操作时转速高于旋转系统的固有频率，测量精度也比较高。硬支承平衡机的支承刚度高，旋转时几乎没有振动，操作时转速低于旋转系统的固有频率，操作比较简便。

汽车检测维修部门校验车轮动平衡使用的都是硬支承平衡机，其中，分为离车式和就车式两类。用离车式动平衡机时，需要事先将车轮从汽车上拆下来装到平衡机上；用就车式动平衡机时，不需要拆下车轮，只需要将汽车顶起，使车轮离开地面即可操作。

离车式动平衡机根据转轴方向不同分为立式和卧式两种。对于立式离车式动平衡机，校验时需将车轮平放在平衡机上，装卸车轮不如卧式平衡机方便，结构设计也比较复杂，但传感系统的灵敏度比较高，可达 3 g。对于卧式离车式动平衡机，校验时车轮固定在水平的主轴上，与实际行驶状态相似。卧式离车式动平衡机最大的优点是被测车轮拆装方便，机械结构和传感器装置也较简单，造价也较低廉，因此深受汽车维修和检测部门欢迎。但是，卧式离车式动平衡机平衡精度较低，且因车轮在悬臂较长的主轴上形成很大的静态力矩，长时间使用后精度难免受影响，一般灵敏度能达到 10 g，尚能满足一般营运车辆的要求。

四、离车式动平衡机

这里以卧式离车式动平衡机为例分析其工作原理和基本结构。

1. 工作原理

如图 6-24 所示，硬支承卧式离车式动平衡机有两种支承方式，一种是双支承方式 [见图 6-24(a)]，转轴上有两个支承点 S_1 和 S_2，分别装有力传感器；另一种是单支承方式 [见图 6-24(b)]，只有一个支承点 O，下面有两个传感器 S_1 和 S_2 互相垂直。两种支承方式受力原理的分析大同小异。目前后一种比较常用，下面以图 6-24(b) 为例分析它的工作原理。

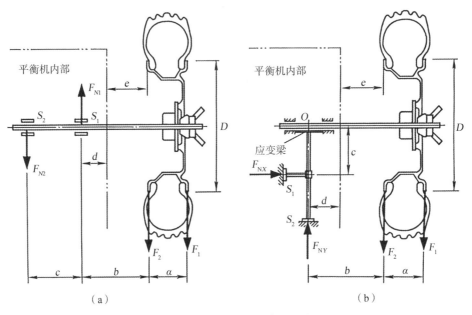

（a）　　　　　　　　　　　　（b）

图 6-24　卧式离车式动平衡机工作原理

1）基本受力分析

当车轮固定在动平衡机主轴上时，旋转系统的静态重力由两个轴承支承。下面的两个传感器 S_1 和 S_2 基本上不受静态重力或只承受很小的静态重力。当车轮和主轴一起旋转时，车轮上不均匀质量引起的微小振动通过弹性良好的应变梁杆件传递到两个传感器上，使传感器感受周期性力的作用。

将车轮的不均匀质量等效集中在内外两侧轮辋边缘上，分别设为 m_1 和 m_2，以一定角速度旋转时产生的离心力分别为 F_1 和 F_2。必须指出，这是两个幅值不变、方向随时改变的旋转矢量。图 6-24(b) 中都画成相同方向，此方向为"正"。此时，水平传感器 S_1 和垂直传感器 S_2 分别受到 X、Y 两个方向的压力 F_{NX} 和 F_{NY}，也应随时间呈正弦规律变化。

F_1、F_2、F_{NX} 和 F_{NY} 这 4 个变量都可以写成 $\alpha = A\sin(\omega t + \varphi)$ 的形式，一般情况下它们的幅值和相位都各不相同，但角频率是相同的。

以应变梁中心 O 为支点的力与力矩的平衡方程如下：

$$F_{NY} = F_1 + F_2 \tag{6-5}$$

$$F_{NX} = F_1(a + b) + F_2 b \tag{6-6}$$

式中　a——轮辋宽度；

　　　b——轮辋内侧到 O 点的水平距离，$b = d + e$，是已知的动平衡机结构尺寸，e 为轮辋内侧到动平衡机的距离；

　　　c——水平传感器到主轴的距离，也是动平衡机的已知结构尺寸。

当动平衡机内的控制单元得到 a、b、c 等参数后，就可以根据传感器测得的 F_{NX} 和 F_{NY} 计算出 F_1 和 F_2，并可以得到 F_1 和 F_2 的最大值。

2）不均匀质量的计算

在求得车轮两侧不平衡力后，根据动平衡机设计的旋转角速度 ω 和轮辋直径 D，可以很容易计算出在轮辋内外侧两个校正面上需要加装的平衡块质量 m_1 和 m_2。

3）不均匀质量相位的确定

为了确定不均匀质量存在于轮辋的具体位置，需要将传感器感受的力随时间作正弦变化的过程与车轮的转动位置联系起来，进行所谓的同步采样。为此，可在动平衡机主轴上安装一个测量旋转位置的传感器，最常用的装置是光电编码盘（作角度和初始位置传感器），它由一个多孔或多齿的圆盘和光电耦合器组成。图 6-25 所示为光电编码盘的工作原理。在圆盘靠近外缘处有许多孔或做成多齿形状，同时在圆盘两面与齿或孔对应位置安装光耦合器，它由发光二极管和光敏晶体管组成。当圆盘随动平衡机主轴转动时，从发光二极管发出的光束可以穿过孔而被光敏晶体管接收，也可能被圆盘挡住，从而使光敏晶体管形成一系列光电脉冲，通过记录脉冲数可计算出圆盘转过的角度。实际上还可以再增加一套角度传感器（图 6-25 中未画），与前者稍微错开一些位置，通过两套传感器感受光脉冲的顺序，就可以判断主轴转动方向。

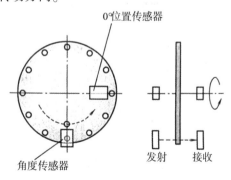

图 6-25　光电编码盘的工作原理

为了确定作为参考点的初始位置，可以在靠中心处再单独打一个孔，并另设一组光耦作为 0° 位置传感器。当这个小孔转到该传感器下面时，光耦产生一个脉冲，此时对应圆盘位置可记作 0°。这样，当转速稳定之后，角速度成为恒定值，一方面控制单元记录角度相位随时间的变化情况，另一方面采样系统同时记录上述两个力传感器信号 F_{NX} 和 F_{NY} 的变化过程，从而得到 F_1 和 F_2 最大值出现时所对应的相位。

　　为了消除不均匀质量的影响，只要在与 F_1 和 F_2 各相差 180° 的位置装上对应质量的平衡块即可。例如，轮辋外侧最大不平衡力出现在 60° 的位置，控制单元计算出对应不平衡质量为 20 g，这时需要在同一侧 240° 位置上安装一个 20 g 的平衡块。可以按照显示屏的提示，慢慢转动车轮，当显示屏给出特殊指示标记时，表示 240° 位置转到了最高点，这就是安装平衡块的位置。

2. 基本结构

　　卧式离车式动平衡机如图 6-26 所示。它主要由驱动系统、测量控制系统及一些附加装置组成。

图 6-26　卧式离车式动平衡机

1）驱动系统

　　驱动系统包括主轴、电动机、传动装置和制动装置等部分。驱动装置绝大部分在机箱内，电动机经带轮带动主轴及被测车轮旋转。

2）测量控制系统

　　测量控制系统主要包括力传感器、角度位置传感器、微控制器及数字显示装置等部分，如图 6-27 所示。

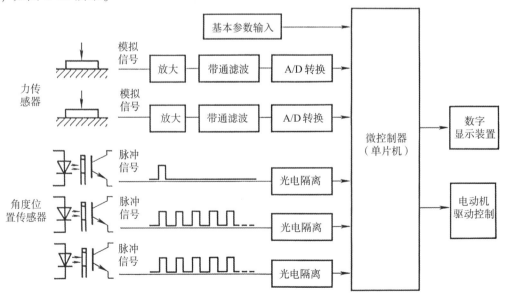

图 6-27　卧式离车式动平衡机控制系统框图

力传感器一般采用电阻应变片式或压电式。当接收振动力后，力传感器产生周期性电压信号，同时包含由带和轴承等振动形成的杂波干扰信号。因此，需要经过放大和带通滤波(只保留有用的基波分量)后，再经 A/D 转换成数字信号送到微控制器。角度位置传感器输出脉冲信号，可直接(或经光电隔离)送到微控制器。微控制器将采样信号进行分析处理计算后将结果送到数字显示装置，同时控制电动机启、停、制动等操作。

3)附加装置

附加装置包括车轮防护罩(安全罩)、用于固定车轮的定位锥体和锁紧螺母、测量轮辋宽度的专用卡尺，以及各种平衡块和拆装平衡块的专用工具等，如图 6-28 所示。

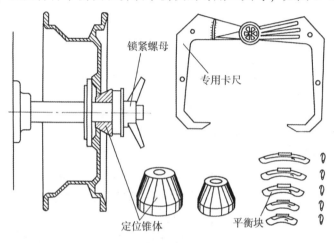

图 6-28 附加装置

车轮在动平衡机主轴上的定位至关重要。为了确保不同形式和不同规格的车轮的中心都能与主轴中心严格重合，动平衡机配有数个大小不等的定位锥体。平衡块又称配重块，有卡夹式和粘贴式两种，前者用于轮辋有卷边的车轮，可将带钩状的平衡块钉牢；后者用于无卷边的铝镁合金轮辋，其一面有不干胶，可粘贴于轮辋内表面。平衡块由铅合金制造，有多种质量，标准的配重有两种系列：一种系列以 g(或 OZ)为基础单位，分9种，最小为 14.2 g(0.5 OZ)，最大为 170.1 g(6 OZ)，间隔为 14.2 g(0.5 OZ)；另一种系列以克(g)为基础单位，分 14 种，最小为 5 g，最大为 80 g，60 g 以上以每 10 g 分为一档。

五、就车式动平衡机

1. 工作原理

就车式动平衡机检验时不需拆下车轮，而只需将车轮悬离地面，通过检测车轮旋转时的振动情况直接进行动平衡校验。由于这种方法不便校验和调整车轮内侧的平衡，主要校验车轮外侧，所以实际上相当于静平衡校验。校验时将车轮及旋转组件简化成一个薄圆盘形旋转体，并支承在弹性应变梁上，通过传感器检测车轮的振动，如图 6-29 所示。

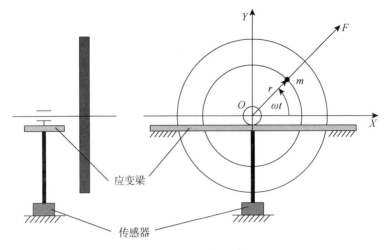

图 6-29　就车式动平衡机的工作原理

2. 基本结构

就车式动平衡机主要由摩擦轮驱动装置、车桥支架、光电传感器、测量控制系统等组成，其基本结构如图 6-30 所示。其中，摩擦轮驱动装置、测量控制系统、光电传感器以及显示仪表板等都装在一个驱动小车内，小车上可供操作人员乘坐。

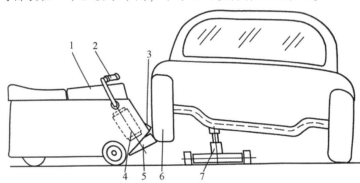

1—仪表板；2—手柄；3—光电传感器；4—驱动电动机；5—摩擦轮；6—被测车轮；7—车桥支架。

图 6-30　就车式动平衡机的基本结构

1）摩擦轮驱动装置

摩擦轮驱动装置由交流电动机、摩擦轮和正反转启停开关组成。校验时，车轮离开地面，摩擦轮紧贴车轮外侧胎面，带动车轮以 110 km/h 的车速旋转。当被测车轮是驱动轮时，可能转动阻力较大，这时可用发动机直接驱动车轮。

2）车桥支架

车桥支架由顶杆、销钉、底座和测量振动的传感器等组成。车桥支架的作用是顶起车桥。传感器用于测量车轮质量不均匀引起的振动，它位于支架底座内，通常采用压电式压力传感器。

3）光电传感器

光电传感器的核心部分如图 6-31 所示。校验时，频闪灯发出的光照射到预先贴在车轮上的白色反光标记，光敏晶体管感受反光后产生电信号，以此作为车轮的初始相位信号，每转一圈产生一个脉冲，相邻两个脉冲之间对应的相位角为360°，经过细分后即可以得到相对初始点的相位角。并且，信号脉冲频率与转速成正比，所以同时也记录了车轮的转速。图6-31中使用了两个光敏晶体管，可以根据脉冲信号的先后判断车轮的转向。

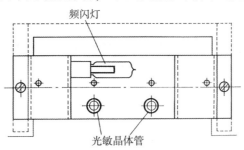

图 6-31　光电传感器的核心部分

4）测量控制系统

以微控制器（单片机）为核心的测量控制系统主要包括测量振动的传感器和测量角度与相位的光电传感器两类信号的输入通道。采样信号经微控制器分析处理、计算后将结果送到数字显示装置，同时控制电动机启、停、制动等操作，与离车式动平衡机类似。

第四节　前轮侧滑量检测方法

一、前轮侧滑量检测的意义

就一般意义而言，侧滑是指车轮胎面在前进过程中的横向滑移现象。侧滑既可能由车轮定位参数不合适造成，也可能由紧急制动或急速转弯时车轮受到侧向力造成。前者称为转向轮侧滑或前轮侧滑，后者称为制动侧滑。这里仅讨论由转向轮定位不当导致的前轮侧滑问题，这也是汽车安全检测时必须检查的项目之一。

对前轮侧滑起决定作用的是前轮外倾和前束，若这两个参数配合得好，侧滑量就可以很小或者为零；反之，侧滑量会比较大。

前轮侧滑量较大时，会引起汽车行驶方向不稳定、转向沉重、增加轮胎横向磨损、加大燃油消耗，甚至操纵失准而导致交通事故。

其他因素如汽车轮毂轴承间隙过大，左、右松紧度不一致；转向节主销与衬套磨损、转向节臂松动，横、直拉杆球头松旷；左右轮胎气压不等，花纹不一致，轮胎过度磨损或严重偏磨以及左右悬架性能不同等，也都会影响侧滑量。因此，在检测侧滑之前，应首先消除这些因素。

二、前轮侧滑量检测原理及检测标准

检测前轮侧滑量的设备称为侧滑试验台，有滑板式和滚筒式两种，目前普遍应用滑板式侧滑试验台。它又分双滑板试验台和单滑板试验台两种。

侧滑量检测是一种动态检测方法。在检测时，让汽车低速通过只能横向移动的滑板，观察前轮外倾和前束对滑板的横向推动作用。

1. 双滑板试验台检测原理

为了分析方便，首先分别分析前束和前轮外倾对侧滑量的影响，再分析两者共同作用的总效果。

1) 由前束引起的侧滑量

如图 6-32 所示，让带有前束的前轮驶过只能横向移动的滑板，由于前束的存在，每个车轮都企图向内侧滚动，但机械结构的约束不允许两轮互相靠拢，于是每个前轮只能一边滚动、一边向外侧推动滑板。双滑板试验台的两块滑板是联动的，每块滑板被向外推开的距离相等，它既与前束的大小有关，又与车轮走过的距离有关。把车轮驶过单位距离引起的单边滑板横向移动量定义为前轮侧滑量。若在车轮滚过一段距离 $L(\mathrm{m})$ 后，每块滑板向外侧移动 $d_1(\mathrm{mm})$，则由前束引起的侧滑量为

$$S_1 = \frac{d_1}{L} \tag{6-7}$$

式中　S_1——每前进 1 m 时每个车轮平均横向滑移的毫米数（mm/m）。

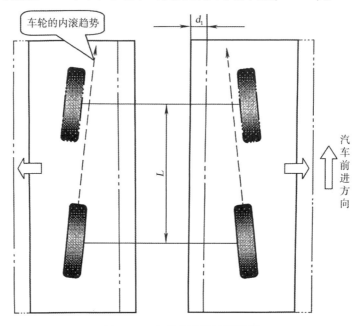

图 6-32　由前束引起的侧滑量

2) 由前轮外倾引起的侧滑量

如图 6-33 所示，让仅有前轮外倾而无前束的前轮驶过双滑板试验台，由于前轮外倾的存在，每个车轮有类似圆锥体的外滚趋势。同样由于机械结构的约束，不允许两轮各自散开，只能边滚动边向内侧滑移，从而推动双滑板向内侧移动。

与单考虑前束时的分析相似，若在车轮滚过一段距离 $L(\mathrm{m})$ 后，每块滑板向内侧移动 $d_2(\mathrm{mm})$，则由前轮外倾引起的侧滑量为

$$S_2 = \frac{d_2}{L} \tag{6-8}$$

规定滑板向外的滑移量为正，向内的滑移量为负，所以 $d_2 < 0$，S_2 为负值。

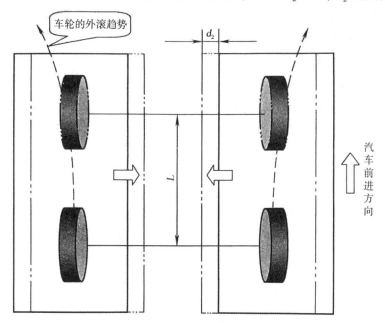

图 6-33　由前轮外倾引起的侧滑量

3）总的侧滑量

由于前轮外倾和前束引起的侧滑作用相反，总的侧滑量 $S(\mathrm{mm/m})$ 为

$$S = S_1 + S_2 = \frac{d_1 + d_2}{L} = \frac{d}{L} \tag{6-9}$$

由于 S_1 为正，而 S_2 为负，故总的侧滑量为两者的代数和。

注意：（1）侧滑量虽然是单块滑板的移动量，但反映的是左右两轮共同作用的效果，即使两轮的前束不同或外倾角不等，检测结果仍是两轮侧滑量的平均值。

（2）侧滑量是有符号的。滑板向外滑时，数值记为"+"（进口设备记为"IN"），表示前束的影响较大；反之，滑板向内滑时，数值记为"−"（进口设备记为"OUT"），表示前轮外倾的影响较大。

2. 单滑板试验台检测原理

如果取消上述双滑板之间的联动机构，并且令其中一块滑板固定不动，那么两轮的侧滑作用就会集中到可移动的那块滑板上，它的移动量会增加 1 倍，这就是单滑板试验台的设想。它仅用一块滑板，让其中一个车轮通过这块滑板，另一个车轮在地面上驶过，如图 6-34 所示。事实上，单滑板试验台也是测量两轮对侧滑的共同影响，其效果与双滑板试验台是一样的。假设汽车左前轮从滑板上驶过，右前轮从地面上驶过，由于两轮所处的位置不同，分两种极端情况进行分析，并且为了方便讨论，先假定侧滑仅由不对称的前束造成。

1）右轮正直，左轮有偏斜

如图 6-34（a）所示，由于右轮完全竖直行驶在地面上，它与地面之间的侧向（横向）附着力远大于试验台滑板与底座间的摩擦力。于是，汽车会按照直线行驶，而左轮只能边行驶边将滑板向左推，滑板形成了侧滑量 a。这和前面分析前束作用时的道理是一样的。因此，在这种情况下滑板的侧滑是由左轮造成的。

2）左轮正直，右轮有偏斜

如图 6-34（b）所示，因右轮行驶时有向内侧滚动的趋势，而左轮滚动在滑板上，右轮的内滚趋势受不到约束（在此忽略一些次要因素，如汽车行驶的惯性，以及滑板相对底座的摩擦力等），这样，滑板在右侧车轮的侧向推力作用下会向左移动一段距离 b。事实上，在这种情况下，汽车的行驶方向也会略向左偏。可以认为，此时滑板的侧滑是右轮造成的。

3）总的效果

在左、右车轮都存在前束的情况下，据上面分析可知，滑板的总侧滑量 d 仍是左右两轮共同作用的结果，即 $d = a + b$，平均单轮造成的侧滑量为 $(a + b)/2$，由此得到前轮侧滑量 S 为

$$S = \frac{a + b}{2L} = \frac{d}{2L} \tag{6-10}$$

假设前轮只有外倾的情况重新进行上述分析，并得到同样的结论。因此，式（6-10）适用于一般情况，其中 a、b 或 d 的值都包含了前束和前轮外倾的共同影响。

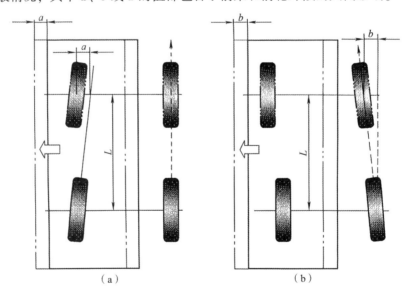

图 6-34　单滑板试验台的检测原理

3. 国家标准有关转向轮侧滑量的规定

GB 7258—2017 中规定，机动车转向轮的横向侧滑量，使用侧滑试验台（包括双板和单板试验台）检测时，应不大于 5 m/km。

需要注意的是，国标规定的侧滑量实用单位不是 mm/m 而是 m/km。两个单位不同，但在数值上是一样的，例如，若侧滑量为+3.5 mm/m，也等于+3.5 m/km。另外，这里所指的是绝对值，即侧滑量合格标准应为±5 m/km。

三、侧滑试验台的结构及操作方法

目前，双滑板式侧滑试验台(见图6-35)应用较多，下面重点介绍它的结构及操作方法。

图6-35　双滑板式侧滑试验台

1．结 构

双滑板式侧滑试验台主要包括机械和电气两大部分，机械部分主要有滑板、联动机构、滚轮及弹簧等；电气部分主要有传感器、信号放大处理电路及指示仪表等。市场上各种侧滑试验台机械部分大同小异，滑板纵向宽度常用的有0.5 m和1.0 m两种，并有不同承重规格，适应不同吨位的车型。

1)机械部分

机械部分的结构如图6-36所示。两块滑板分别支承在各自的4个滚轮上，每块滑板通过与其连接的导向轴承(图6-36中未画出)在导轨内滚动，保证了滑板能够沿左右方向滑动而限制了其纵向运动。左右滑板通过中间的三连杆机构连接起来，从而保证两块滑板做同时向内或同时向外的运动。相应的侧滑量通过位移传感器转换成电信号，经放大处理后送到指示仪表。复位弹簧可以起到自动复位的作用，以使滑板在不受力时能够保持中间位置(零位)。

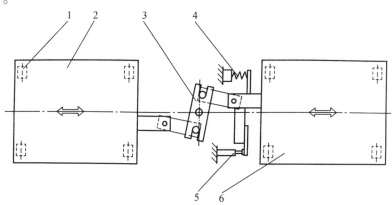

1—滚轮；2、6—板；3—三连杆机构；4—复位弹簧；5—位移传感器。
图6-36　双滑板式侧滑试验台机械部分的结构

需要指出的是，在前轮驶入试验台前，由于前束与外倾角配合不当，轮胎已经存在来自地面的侧向力以及由此引起的变形，侧滑严重时更加明显。这种侧向力在前轮刚刚驶上滑板的瞬间迅速释放，将会引起滑板的额外移动；而在驶出滑板的瞬间，已接触地面部分的轮胎将积聚应力，阻碍滑板的移动。为了消除轮胎侧向应力对侧滑量检测精度的影响，可采用在侧滑板前后安装"放松板"(也叫释放板)的方法。由于进车时应力释放对侧滑量检测造成的影响比出车时大得多，放松板一般只装在侧滑板前面。近年来这种做法已经规范化，GB 38900—2020《机动车安全技术检测项目和方法》中规定，汽车侧滑试验台应具有轮胎侧向力释放功能。

2）电气部分

电气部分包括传感器、信号处理电路（系统）和显示仪表等部分，根据传感器种类的不同分不同形式，主要有电位计式、差动变压器式及自整角机式等。目前，前两种比较常用，自整角机式在国内比较少见。

电位计式测量装置的工作原理非常简单。如图 6-37 所示，用一个可变电阻作电位计，安装在侧滑试验台底座上，其活动触点通过传动机构与侧滑板相连，电位计两端加上一定的电压。当电位计的滑动触点随滑板移动时，触点的输出电压与位移量成正比，通过显示仪表即可指示出对应滑板的位移量。

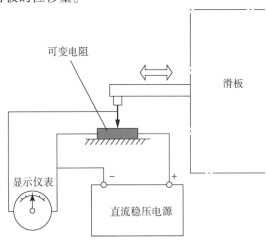

图 6-37　电位计式测量装置的工作原理

也可以用差动变压器式位移传感器，其外形如图 6-38 所示，呈细长圆筒形，内有线圈和可移动的铁芯。

图 6-38　差动变压器式位移传感器的外形

差动变压器式位移传感器是依据变压器的基本原理制成的，内部结构和工作原理如图 6-39 所示，一次和二次绕组都套在一个可以活动的铁芯上，两个圈数相同的二次绕组反极性串联，铁芯可以随着滑板一起移动。若一次绕组中通以交流电，则两段二次绕组中都会感应交流电压信号。当铁芯在中间位置时，两段二次绕组感应电动势大小相等、极性相反，输出电压 U_2 为零。若铁芯向某一方向移动，则两段二次绕组感应电动势不再相等，输出的交流电压信号经整流及差动电路处理后输出一个直流差动信号，而且信号的极性与铁芯移动方向有关。这种信号送到显示仪表后，不仅可以指示侧滑数值大小，还可以指示数值的正负，即滑板移动的方向。

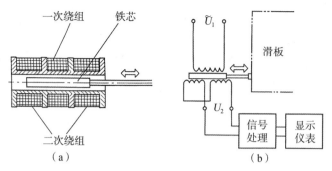

图 6-39　差动变压器式位移传感器的内部结构和工作原理

（a）内部结构；（b）工作原理

差动变压器式位移传感器可测量 1~100 mm 的机械位移，并且测量精度和线性度都非常高，分辨率可达 1 μm 以下。

侧滑试验台的显示仪表可大致分为指针式和数字式两类，目前检测站较普遍使用的是数字式显示仪表。数字式显示仪表多为带微控制器的智能化仪表，具有存储、清零、打印和报警等较强的功能。不过，指针式显示仪表也有它的优点，就是结构简单、维修方便，并且很直观。目前，两类显示仪表都在使用。

2. 操作方法

事先令车辆正直居中驶近侧滑检验台，并使转向轮处于正中位置，然后车辆以 3~5 km/h 车速平稳通过侧滑试验台，读取显示仪表显示的最大值即可。需要注意的是，车辆通过侧滑试验台时，不要转动方向盘。

第五节　四轮定位检测

一、四轮定位检测的意义

四轮定位检测属于静态检测方法，是在汽车静止不动的情况下，借助仪器工具对各车轮定位参数进行检测的方法。

四轮定位检测是汽车综合性能检测的重要项目。车轮定位参数在汽车出厂前已经做过准确调整，但在汽车使用过程中，由于零部件的磨损、更换及使用不当（超载或碰撞等），所以这些定位参数可能会发生改变，而引起转向沉重、方向盘发抖、容易跑偏、轮胎异常磨损及油耗增加等现象，严重时会影响汽车安全行驶。

一般在下列情况出现时，就需要做四轮定位检测。

（1）汽车每行驶 10 000 km 或六个月后，或新车每行驶 3 000 km 后。

（2）直行时方向盘不正或汽车容易自动跑偏，需要拉住方向盘才能保持直线行驶。

（3）驾驶时感觉车身"发飘"，方向难以操纵。

（4）车辆发生碰撞事故维修之后，换装新的悬架或转向系统配件之后。

（5）出现车轮单边磨损或羽毛状磨损等。

二、前轮定位的检测方法

早期的车轮定位主要是检测前轮的 4 个参数，检测手段以手工工具和简单仪器为主，

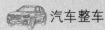

如检测前束使用前束尺或光束刻度板，检测其他 3 个角度参数则主要使用气泡水准仪。

1. 前束的检测方法

前束可以根据其定义直接检测左、右车轮最后端距离与最前端距离之差，传统方法可用前束尺、卷尺或光束刻度板等仪器工具进行检测。需要注意的是，当使用长度单位时，不同厂家规定的检测位置可能有不同，如图 6-40 所示。另外，检测时方向盘应位于中间位置。

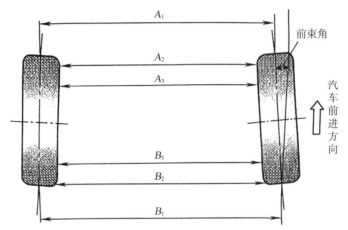

$B_1 - A_1$ ——在两胎面中心线间测量；$B_2 - A_2$ ——在两轮胎内侧突出点间测量；

$B_3 - A_3$ ——在两轮辋内侧的外缘间测量。

图 6-40　车轮前束检测

2. 车轮外倾角的检测方法

检测车轮外倾角常用气泡水准仪。在垂直于转向轮旋转平面的中心轴线方向上安装支架和气泡水准仪，气泡水准仪上有可检测倾角的气泡管，气泡管也应保证与车轮旋转平面垂直，所以气泡管与水平方向的夹角与车轮外倾角相等。图 6-41 给出了检测示意图。气泡管中的气泡偏移量与倾角大小成比例，气泡管可按倾角刻度显示，也可把气泡管调回水平位置，气泡位移量或角度调节量即反映了车轮外倾角 α 的大小。

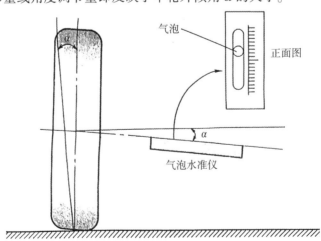

图 6-41　用气泡水准仪检测车轮外倾角

在检测车轮外倾角时，必须保证车体摆正、方向盘位于中间位置，因为车轮若有偏转，其车轮外倾角将发生变化。

3. 主销后倾角和主销内倾角的检测原理

主销后倾角和主销内倾角也可以用气泡水准仪检测，但均不能直接读出数据，只能采用建立在几何关系上的间接检测。检测时需将转向轮分别向左、向右转动一定角度，此时主销后倾角、主销内倾角及车轮外倾角都会随之改变，因而可以通过左右转动的角度值及转动后的车轮外倾角的值，间接计算主销后倾角和主销内倾角。

利用检测外倾角的气泡水准仪或传感器，安装位置如图6-41所示，当车轮不转动方向时，可测量车轮本身的外倾角；当向左、向右转动一个角度时，可测量叠加了主销后倾影响的外倾角，由此可计算主销后倾角的大小。

对于主销内倾角，检测原理与主销后倾角相同，由于内倾与后倾方向上相差了90°，所以只要将气泡水准仪或传感器安装在与上述垂直的方向，即水平向前的方向上即可，分析方法和计算公式都相同。

三、现代四轮定位检测技术简介

目前四轮定位仪已经十分普遍，现代四轮定位仪采用了不少新技术，使检测功能和精度都有很大提高。

1. 光学检测技术

四轮定位仪检测水平方向的尺寸、位置或角度，如前束（角）、退缩角（轴距差）和推进角等多采用光学方法检测。

目前检测装置的光源有激光和红外线两种。红外线由红外发光管产生，所形成的光束精度非常高，检测精度可达到0.01°。但由于很多物体都可以发出红外线，所以这种检测装置抗干扰比较困难。

激光是由激光器产生的、非常集中的平行光，具有极高的方向性，不容易受干扰，稳定性较好。用于四轮定位的激光一般采用半导体激光器，测量精度相对较低，约为0.1°。另外，激光由于能量集中，对人眼睛有很强的伤害，使用时务必要小心。

光接收器件以前多用光敏晶体管，目前较多采用电耦合器件（Charge-Coupled Device，CCD）和互补金属氧化物半导体器件（Complementary Metal Oxide Semiconductor，CMOS）等。CCD技术和CMOS技术本来主要用于数码相机和摄像头等图像处理领域，如今越来越多地用作在四轮定位仪中光传感器。

CCD是非常微小的半导体器件，感光单元又称为相敏单元，由充电电容和储电电容耦合组成，又称为像素，比晶体管小得多。例如，现代工艺可将CCD像素做成小到14 μm、2 000个像素排成一行，其总长度小于30 mm。从光源发出的光束经光学成像系统照射到CCD感光单元后，感光单元产生电荷，经过处理后形成感光信号。许多像素可以成行排列，称为线阵CCD，再将许多行的像素组成一个矩形平面，称为面阵CCD。CCD器件感光质量高、线性度好，是目前广泛采用的光传感器件。

CMOS技术以前主要用于晶体管和集成电路，近年来也开始应用到成像领域。和CCD一样，CMOS也有充电电容结构和相对应的储电电容，以类似方法将收到的光电能以电脉冲信号的方式输出。与CCD相比，CMOS的耗电量非常小，仅为CCD的1/10~1/8，信息处理速度比CCD快得多，而且成本较低。

2. 倾角传感器

除了上述以光学方法检测的参数,其他以重力方向为基准的角度(如车轮外倾、主销后倾和主销内倾)的检测主要使用倾角传感器(或称角位移传感器)。倾角传感器是比较精密的角度传感器,功能是把物体微小的倾斜角度转换成相应的电信号。倾角传感器根据原理的不同可以有许多种,都是以重力方向为参考基准。例如,有的基于固体摆的原理,有的基于液体或气体(气泡)的流动等。以前常用一种摆臂电位计式倾角传感器(见图6-42),它有一个精密旋转电位计,其滑动端连接摆臂和重锤。当传感器倾斜时,重锤的重力使滑动端接触点移动,改变了电位计电阻,可输出与倾角成比例的电信号。目前现代四轮定位仪中越来越多地采用电子倾角传感器,电容式电子倾角传感器是其中比较先进的一种,在四轮定位中已有较多应用。图6-43所示为某款国产电容式电子倾角传感器,内部结构主要是电容器和信号处理电路。电容片经过蚀刻后,成为两个可变电容器,中间充满液体电介质和惰性气体。传感器旋转时使电容量产生线性变化,经电子线路转换处理成角度信号输出。当传感器角度在零位时,两个电容在液体中浸没面积相同,无信号输出;当转轴产生一定角度偏差时,两个电容在液体中浸没面积发生偏差,产生差动电容电压信号,将信号进行比较处理后即可得到角度输出。这种传感器内部无可动部件,精度较高,分辨率可达0.001°。

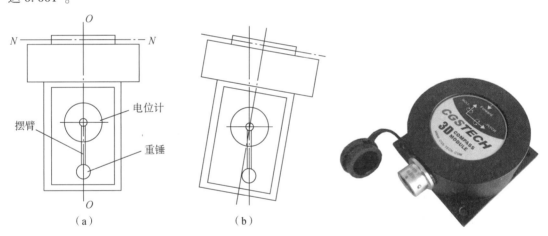

图6-42　摆臂电位计式倾角传感器
(a)无倾角时;(b)有倾角时

图6-43　某款国产电容式电子倾角传感器

3. 蓝牙技术

蓝牙技术是一种短距离的无线电通信技术,这种技术能够将多台数字化设备如计算机、数字照相机、移动电话、汽车、医疗仪器等联系起来,取消了设备之间的连线,使用非常方便,成本也较低。

目前,蓝牙技术已形成国际标准,有效通信距离为$10 \sim 100$ m,传输速度可以达到1 MB/s,工作在2.4 GHz频段。

目前很多品牌的四轮定位仪都采用了蓝牙技术,取消了安装在车轮上的传感器与计算机主机之间的信号线,给操作带来很大的方便。

四、四轮定位检测方法

1. 四轮定位仪及配套设备简介

目前，比较有代表性的四轮定位仪外形如图 6-44 所示，主要由以下几部分组成。

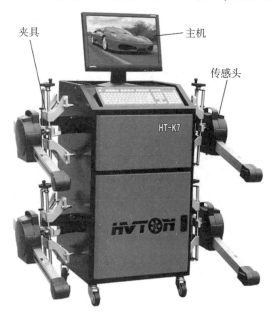

图 6-44　四轮定位仪外形

1）主机

主机用于数据采集、处理，界面显示，打印等，并存储各种车型的四轮定位数据。

2）传感头（俗称机头）

传感头上面带有多种光学和倾角传感器。以 CCD 式四轮定位仪为例，每个传感头上有两个 CCD 光学测量装置、两个倾角传感器和微控制器单元，如图 6-45 所示。其中，有两个 CCD 测量装置分别位于传感头大、小箱体内，用于测量前束值和推进角或退缩角，两个倾角传感器彼此垂直放置，分别用于测量车轮外倾（及主销后倾）和主销内倾。四轮定位仪共有 4 个传感头，分别装在 4 个车轮上，不可混用。

图 6-45　CCD 式四轮定位仪的传感头

3）夹具

夹具用于将传感头固定在车轮上，如图 6-46 所示。

其他有关配套设备如下。

（1）举升机：进行四轮定位检测时，应将被测车辆置于专用举升机上，在进行轮辋补偿和定位调整等操作时举起车辆。

（2）转角仪：如图6-47所示，转角仪安装在举升机上，检测时位于前轮下方，与前轮一起转向时可读取转向角数值。

图6-46　传感头和夹具的安装　　　　图6-47　转角仪

（3）其他配件：包括方向盘固定杆和制动固定杆等，用于检测时固定方向盘和制动踏板。

2. 轮辋偏摆补偿原理

汽车在使用过程中可能会出现轮辋钢圈的微小变形，造成车轮转动过程中轮辋端面的偏摆，另外在安装传感头夹具时，也会出现微小的误差。这些因素都会引起车轮外倾和前束测量的误差，造成每次检测数据可能不同，因而影响检测结果的准确性。因此，在做四轮定位检测之前，应先测出这种偏差值，对实际检测的定位数据进行修正。这个操作过程称为轮辋偏摆补偿、轮圈补偿。

轮圈补偿数据可以通过测量车轮不同位置的实际外倾角的偏差而取得，其原理如图6-48所示。

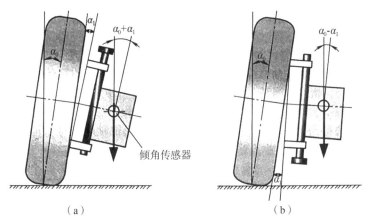

（a）　　　　　　　　　　　　　　（b）

图6-48　轮辋偏摆补偿原理

（a）车轮在0°时；（b）车轮转180°后

具体检测时，可用举升机举起车身，松开传感头，并放松制动踏板，使夹具可以连同车轮一起转动但同时保持传感头水平位置不变。当车轮转到总外倾最大位置时记作 0°，如图 6-48（a）所示。若设车轮自身的外倾角为 α_0，轮辋纵向偏摆角度为 α_1，则此时实际测得总外倾角为 $\alpha_0 + \alpha_1$。再将车轮连同夹具一起转 180°，如图 6-48（b）所示，则此时实际测得总外倾角应为 $\alpha_0 - \alpha_1$。由此可得到轮辋纵向偏摆值为

轮辋纵向偏摆值 =（0°时总外倾角 - 180°时总外倾角）/2

同理，若分别测量将车轮转过 90° 和 180° 时的总外倾角，就可以得到轮辋横向偏摆值为

轮辋横向偏摆值 =（90°时总外倾角 - 270°时总外倾角）/2

由于只存在轮辋纵向、横向偏摆值和车轮外倾角这 3 个未知数，所以只需要测量 0°、90° 和 180° 这 3 个位置的数据。

3. 水平角度的光学检测方法

目前，四轮定位仪较多采用基于 CCD 技术的光学方法检测水平面上的角度参数，如前束值、退缩角和后轮推进角等。安装在 4 个车轮上的传感头均装有可发出激光或红外线光束的发光器和作为接收器的 CCD 线阵，可同时发送和接收信号，总共可发出 8 条光束，形成完整、封闭而又互相关联的检测系统，如图 6-49 所示。

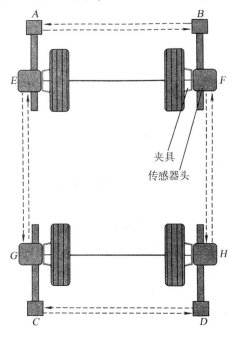

图 6-49　8 条光束组成的检测系统

在这个检测系统中，既可以用同一轴上左、右轮的传感器互相检测，并互为检测基准，如图 6-49 中 A 与 B、C 与 D；也可以由同一侧的前、后轮的传感器互相检测，并互为检测基准，如图 6-49 中 E 与 G、F 与 H。

横向的光束可用于检测前束和退缩角，如图 6-50 所示。

若左、右轮均无前束，则左、右发光器发出的光束重合，如图 6-50(a) 所示。若左轮有前束，则左发光器发出的光束有偏转，右侧 CCD 接收器可以测得来自左侧光束的偏移量并折算成左轮前束值，如图 6-50(b) 所示。同理，左侧 CCD 接收器可以测量右轮的前束值。注意：光束位置相对于原来的零点位置向后为正前束，向前为负前束。需要指出，当某一侧车轮存在前束值时，作为对方测量的基准也发生了变动。因此，这种互为基准的检测方法是有误差的，只不过由于前束值本身都很小，一般不超过 1°，这种误差可以忽略不计。而如果互相对射的两条光束平行而不重合 [见图 6-50(c)]，则说明该轴存在退缩角。

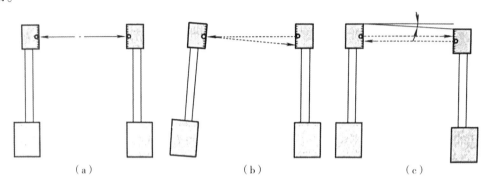

图 6-50　光学传感器的横向检测

纵向的光束常用于前束值和推进角检测，如图 6-51 所示。其中，图 6-51(a) 表示前、后轮都没有前束值的情形；图 6-51(b) 表示后轮有前束值时，可由前轮的传感器检测到。同理，也可以由后轮检测前轮前束值。

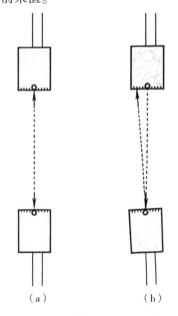

图 6-51　光学传感器的纵向检测

当检测到两、后轮的前束值不相等时，取左、右前束值的平均值，就可得到推进角。

另外，当车轮向左向右各转 20°时，还可以通过光学传感器检测前轮转向前展，即

"20°转角差"。

4. 倾角的检测方法

现代四轮定位仪采用内置于传感头的电子倾角传感器检测车轮外倾角和主销后倾角及主销内倾角，传感器的布置如图 6-45 所示。

其中，车轮外倾角可以在方向盘处于正中位置时直接检测，主销后倾角和主销内倾角则需要将前轮向左向右各转动一定角度(一般是 20°)间接检测。

五、四轮定位的调整方法

四轮定位的调整方法，根据定位基准的不同，可以有 3 种类型。

1. 几何中心线定位

几何中心线定位是以汽车的几何中心线为基准，通过调整前轮的前束值、外倾角等将汽车前轮前进方向调整与汽车几何中心线一致。采用这种方法在维修时只是对前轮进行调整，并不考虑后轮的调整。这样，当后轮存在推进角、前进方向与汽车几何中心线不一致时，将造成直线行驶时容易跑偏，为了直线行驶，不得不将方向盘转到某一侧，或者是做完四轮定位后将方向盘拆下来重新安装。由于这种方法只调整前轮，所以也称为前轮定位。

2. 完全四轮定位

完全四轮定位指以汽车几何中心线为基准对汽车 4 个车轮单独进行调整，用于后轮前束值可以调整的车型。首先将后轮推进角调整为零，也就是使推进线与几何中心线完全一致，然后以此为基准调整前轮前束。这样调整后可以保证前后轮的行驶方向都与几何中心线一致，当汽车直线行驶时，方向盘处于正中位置，所以这是一种最理想的调整方法。

3. 推进线四轮定位

推进线四轮定位是以汽车后轮推进线为基准，一般用于后轮前束值不可调整的车型。当汽车后轮存在推进角而又不可调整时，可以通过调整前轮的前束值，使之与后轮的前束值一致，使前后轮都按照推进线方向(而不是几何中心线方向)行进。这样，当汽车直线行驶时，方向盘仍然可以保持正中位置。可以看出，推进线四轮定位是介于几何中心线定位与完全四轮定位之间的一种折中方法。

当四轮定位的角度参数可以调整时，调整顺序应该是先调整后轮，再调整前轮；调前轮时，应先调整主销的倾角，再调整车轮外倾角，最后调整前束。

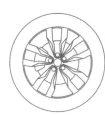

第七章
汽车行驶平顺性

汽车的行驶平顺性主要是指在一定界限之内保持汽车在行驶过程中产生的振动和冲击环境对乘员舒适性的影响，以及保持货物完好的能力。因此，行驶平顺性主要根据乘员主观感觉的舒适性来评价，也称乘坐舒适性。本章介绍汽车行驶平顺性能的评价，分析行驶平顺性的影响因素及悬架装置检测方法的标准。

第一节　汽车行驶平顺性分析及影响因素

汽车是由车轮、悬架弹簧及弹性减振坐垫等具有固有振动特性的弹性元件组成。这些弹性元件可缓和不平路面对汽车的冲击，当同悬架阻尼元件并联时，会使乘员舒适和减少货物损伤。当路面不平激起的振动达到一定程度时，会使乘员感到不适和疲劳或使运载的货物损坏。车轮载荷的波动还影响地面与车轮间的附着性能，影响汽车的操纵稳定性。

一、汽车行驶平顺性分析

1. 汽车行驶平顺性的评价标准

图 7-1 所示为人体坐姿受振模型。当前，国际最新的车辆乘坐舒适性评价标准 ISO 2631-1：1997《机械振动与冲击人体暴露于全身振动的评价　第 1 部分：一般要求》规定，舒适性评价时，考虑座椅支承面的 3 个线振动和 3 个角振动，靠背和脚支承面各 3 个线振动，共 12 个轴向振动。健康影响评价时，仅考虑座椅支承面的 3 个线振动。

我国也制定了 GB/T 4970—2009《汽车平顺性试验方法》和 QC/T 474-2011《客车平顺性评价指标及限值》。

2. 汽车行驶平顺性的评价指标

汽车行驶平顺性通常是根据人体对振动的生理反应及对保持货物完整性的影响制定评价方法，用振动的物理量，如频率、加速度、加速度变化率等作为其评价指标。

汽车车身的固有频率可作为汽车行驶平顺性的评价指标，从舒适性出发，车身的固有

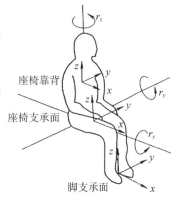

座椅靠背

座椅支承面

脚支承面

图 7-1　人体坐姿受振模型

频率在 1~1.6 Hz 的范围内较好，这是人体所习惯的垂直振动频率。

ISO 2631−1：1997 标准用加速度的均方根值给出了在 1~80 Hz 振动频率范围内人体对振动反应的感觉界限。

（1）舒适降低界限：与保持舒适有关，人体对暴露的振动环境主观感觉良好，成员能在车上进行吃、读、写等动作。

（2）疲劳−降低工效界限：与保持工作效率有关，驾驶员能准确灵活地反应，正常驾驶不致太疲劳以致工作效率降低。

（3）暴露极限：常作为人体能够承受振动量的上限，当人体承受的振动强度在这个极限以下，能保持人的健康和安全。

也可用达到某一界限时间的长短，来衡量人体感觉到的振动强度的大小。通常，客车和轿车采用"舒适降低界限"车速特性。当汽车速度超过此界限时，就会降低乘坐舒适性，使人感到疲劳不舒服，该界限值越高，说明平顺性越好。货车采用"疲劳−降低工效界限"车速特性。

3. 汽车行驶平顺性试验

1）汽车悬架系统的刚度、阻尼和惯性参数的测定

通过测定轮胎、悬架、坐垫的弹性特性，就是指载荷与变形的关系曲线，可以求出在规定载荷下轮胎、悬架、坐垫的刚度。根据加卸载曲线包围的面积，可确定这些元件的阻尼。另外，还要测量悬架质量、非悬架质量等振动惯性方面的参数。

2）悬架系统部分固有频率和阻尼比的测定

将汽车前轮、后轮分别从一定高度抛下，记录车身和车轮质量的衰减振动曲线，得到车身质量振动周期和车轮质量振动周期，根据公式计算出各部分的固有频率。最后，根据衰减率按公式求出各部分的阻尼比。

3）汽车振动系统的频率响应函数的测定

在实际随机输入的路面上或在电液振动台上，给车轮输入 0.5~30 Hz 范围的振动，记录车轴、车身、坐垫上各测点的振动响应，最后根据数据统计分析仪处理得到各环节的频率响应函数。

4）在实际随机输入路面上的平顺性能试验

按照 GB/T 4970—2009 的规定，以总加权加速度均方根值来评价。

5）汽车驶过凸块脉冲输入平顺性试验

汽车行驶时会遇到凸起和凹坑，尽管遇到的概率不大，但较大的冲击会严重地影响平顺性，脉冲输入试验按照 GB/T 4970—2009 的规定进行，评价指标用座垫上和座椅底部地板加速度最大响应值或加权加速度 4 次方和根值方法——振动剂量值来评价。

6）人体振动测量仪

人体振动测量仪还可用来进行汽车平顺性的试验，这种仪器常用 A/D 混合法计算加权加速度均方根值。连续记录的模拟信号，经模拟频率加权滤波器得到加权的模拟信号，再由 A/D 转换器离散采样数字化，然后在幅值域进行均方根值计算，给出加权加速度均方根值以及相应加权振级。平顺性指标和人的感觉间的关系如表 7−1 所示。

表 7-1　平顺性指标和人的感觉间的关系

加权加速度均方根值 a_v /$(m \cdot s^{-2})$	加权振级 L_m/dB	人的主观感觉
<0.315	110	没有不舒适
0.315~0.63	110~116	有一些不舒适
1.5~1.0	114~120	相当不舒适
0.8~1.6	118~124	不舒适
1.25~2.5	112~128	很不舒适
>2.0	126	极不舒适

二、汽车振动系统的简化

汽车是一个复杂的振动系统，应根据所分析的问题进行简化。把汽车车身质量看作刚体得到一个简化的立体模型，如图 7-2 所示。汽车的悬挂（车身）质量为 m_2，它由车身、车架及其上的总成所构成。该质量绕通过质心的横轴 Y 的转动惯量为 I_Y，悬挂质量通过悬架弹簧和减振器与车轴、车轮相连接，车轮、车轴构成的非悬挂质量为 m_1。车轮经过具有一定弹性和阻尼的轮胎支承在不平的路面上，在讨论平顺性时，这个立体模型的车身质量主要考虑垂直、俯仰、侧倾 3 个自由度，4 个车轮质量有 4 个垂直自由度，整车共 7 个自由度。

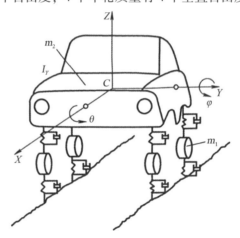

图 7-2　四轮汽车的简化立体模型

三、影响汽车行驶平顺性能的因素

1. 悬架结构

悬架结构主要指弹性元件、导向装置与减振装置，其中弹性元件与悬架系统中的阻尼影响较大。

1）弹性元件

汽车的固有频率是衡量汽车行驶平顺性的重要参数，它由悬架刚度和悬架弹簧支承的质量（簧载质量）所决定。固有频率按下式计算：

$$n = \frac{1}{2\pi}\sqrt{\frac{C}{M}} = \frac{1}{2\pi}\sqrt{\frac{g}{f}} \tag{7-1}$$

式中　g——重力加速度（mm/s^2）；

f——悬架垂直变形（mm）；

m——悬架簧载质量（kg）；

C——悬架刚度（N/mm），$C = Mg/f$。

从固有频率公式可以看出，在悬架垂直载荷一定时，悬架刚度越小，固有频率越低。固有频率越低，车身振动加速度均方根值越低，行驶平顺性越好。但是，固有频率太低，会导致汽车载荷变化时车身高度变化过大、悬架"击穿"和乘员晕车。

悬架刚度越小，载荷一定时悬架垂直变形越大。这样，若无足够大的限位行程，就会使撞击限位块的概率增加。若固有频率选取过低，很可能会导致制动"点头"、转弯侧倾角、空载和满载车身高度变化过大。一般，货车固有频率为 1.5~2 Hz，旅行客车固有频率为 1.2~1.8 Hz，高级轿车固有频率为 1~1.3 Hz。另外，当悬架刚度一定时，簧载质量越大，悬架垂直变形也越大，而固有频率越低。空车时的固有频率比满载时的固有频率高。簧载质量变化范围大，固有频率变化范围也大。为了使空载和满载固有频率保持一定或很小变化，需要把悬架刚度做成可变或可调的。

当汽车的其他结构参数不变时，要使悬架系统具有低的固有频率，悬架就必须具备很大的静挠度 f_s。它是指汽车满载时，刚度不变的悬架在静载荷下的变形量。对变刚度悬架，静挠度由汽车满载时，悬架上的静载荷和与相应的瞬时刚度来确定。若前、后悬架的静挠度以及振动频率都比较接近，共振的机会减少。

为了防止汽车在不平路面上行驶时经常冲击缓冲块，悬架还应具有足够的动挠度 f_m（指悬架平衡位置到悬架与车架相碰时的变形量）。

前、后悬架的动挠度常根据其相应的静挠度选取，其数值主要取决于车型和经常使用的路面状况，动挠度值与静挠度之间的关系为

轿车：$f_m = (0.5 \sim 0.7)f_s$；

货车、客车：$f_m = (0.7 \sim 1.0)f_s$。

采用变刚度特性曲线的悬架，对于载荷变化较大的货车而言，会明显改善行驶平顺性。例如，某货车在满载时，后悬架的载荷为空车的 4 倍多，假定悬架刚度不变，若满载时的静挠度为 100 mm，则空车时的静挠度将不到 25 mm。不难算出，满载时的振动频率为 1.6 Hz，而空车时的振动频率则为 3.2 Hz。显然，空车时的振动频率较高，行驶平顺性很差。如果采用变刚度悬架，使空车时的刚度比满载时的刚度低，就会降低空车的振动频率而改善汽车的行驶平顺性。悬架参数实用范围如表 7-2 所示。

表 7-2　悬架参数实用范围

车型	固有频率/Hz	悬架静挠度/cm	阻尼比
轿车	1.2~1.1	15~30	
货车	2~1.5	6~11	
大客车	1.8~1.2	7~15	0.2~0.4
越野汽车	2~1.3	6~13	

2）阻尼比 ψ

为了衰减车身自由振动和抑制车身、车轮的共振，以减小车身的垂直振动加速度和车轮的振幅（减小车轮对地面压力的变化，防止车轮跳离地面），悬架系统中应具有适当的

阻尼。

在悬架系统中，引起振动衰减的阻尼来源很多。对于各种悬架结构，以钢板弹簧悬架系统的干摩擦最大，钢板弹簧叶片数目越多，摩擦越大。因此，有的汽车采用钢板弹簧悬架时，可以不装减振器，但阻尼力的数值很不稳定，钢板生锈后阻尼力过大，不易控制。而采用其他内摩擦很小的弹性元件(如单片钢板弹簧、螺旋弹簧、扭杆弹簧等)的悬架，必须使用减振器，以吸收振动能量，使振动迅速得到衰减。阻尼对汽车振动的影响取决于 n 和 ω_0 的比值 ψ，称为阻尼比，其中，n 为空间频率(m^{-1})，ω_0 为系统的固有圆频率。阻尼比表达为

$$\psi = \frac{k}{2\sqrt{CM}} \tag{7-2}$$

式中　k——悬架刚度；

　　　C——悬架阻尼元件的阻力系数；

　　　M——车身质量。

ψ 值大能使振动迅速衰减，但会把路面较大的冲击传到车身；ψ 值小使振动衰减慢，受冲击后振动持续时间长，使乘员感到不舒服。为充分发挥弹簧在压缩行程中的作用，常把压缩行程的阻尼比 ψ 设计得比伸张小。

减振器可提高汽车行驶平顺性，还可增加悬架的角刚度，改善车轮与道路的接触条件，防止车轮离开路面，因而可改善汽车的操纵稳定性，提高汽车的行驶安全性。改进减振器的性能，对提高汽车在不平道路上的行驶速度有很大的作用。

2. 簧载质量

簧载质量分为簧上质量与簧下质量两部分。由弹性元件承载的部分质量，如车身、车架及其他所有弹簧以上的部件和载荷属于簧上质量，也称为悬架质量 M。车轮、非独立悬架的车轴等属于簧下质量，也叫非悬架质量 m。

一般来说，汽车的悬架质量越大，由于车身振动的低频和加速度减小，汽车的行驶平顺性越好。

悬架质量分配系数为

$$\varepsilon = \frac{\rho_Y}{L_1 L_2} \tag{7-3}$$

式中　ρ_Y——绕横轴 Y 的回转半径(m)；

　　　L_1、L_2——车身中心至前、后轴的距离(m)。

ε 是评价汽车行驶平顺性的重要参数，它受悬架质量的分布情况影响。根据悬架质量的分布情况，应使 $\varepsilon \approx 1$。当 $\varepsilon \approx 1$ 时，前、后悬架质量的振动彼此互不影响。

如果减小非悬架质量，可使车身振动频率降低，而车轮振动频率升高，这对减少共振，改善汽车的行驶平顺性是有利的。非悬架质量对行驶平顺性的影响，常用非悬架质量和悬架质量之比 m/M 进行评价，此比值越小，行驶平顺性越好。对于现代轿车，$m/M = 10.5\% \sim 14.5\%$，可以保证良好的行驶平顺性。

3. 轮胎

轮胎对行驶平顺性的影响取决于轮胎的径向刚度、轮胎的展平能力及轮胎内摩擦所引起的阻尼作用。减少轮胎径向刚度，可使悬架换算刚度减小 10%~15%。当汽车行驶于不平道路时，由于轮胎的弹性作用，轮胎位移曲线比道路断面轮廓要圆滑平整，其长度比道

路坎坷不平处的实际长度大，而曲线的高度则比道路不平的实际高度小，即所谓的轮胎展平能力，它可使汽车在高频的共振振动减小。由轮胎内摩擦所引起的阻尼作用，对于轿车轮胎的相对阻尼系数可达到 $0.05 \sim 0.106$。

为了提高汽车的行驶平顺性，轮胎径向刚度应尽可能减小。采用足够软的悬架的情况下，在相当大的行驶速度范围内，低频共振的可能性完全可以消除。但是，轮胎刚度过低，会增加车轮的侧向偏离，影响行驶稳定性；同时，还会增加滚动阻力，降低轮胎寿命。

4. 其他因素

座位的布置对汽车的行驶平顺性也有很大影响。实际感受和试验表明：座位接近车身的中部，其振动最小。座位位置常由它与汽车质心的距离来确定，用座位到汽车质心的距离与汽车质心到前（后）轴的距离之比评价座位的舒适性。该比值越小，车身振动对乘员的影响越小。

对载货汽车和公共汽车，座位在高度上的布置也是重要的。为了减小水平纵向振动的振幅，座位在高度的布置与汽车质量中心之间的距离应该不大。

弹簧座椅刚度的选择要适当，防止因乘员在座位上的振动频率与车身的振动频率重合而发生共振。对于具有较硬悬架的汽车，可采用较软的坐垫；对于具有较软悬架的汽车，可采用较硬的坐垫。

乘坐舒适性在很大程度上还取决于座位的结构、尺寸、布置方式和车身（或载货汽车的驾驶室）的密封性（防尘、防雨、防止废气进入车身）、通风保暖、照明、隔声等效能，以及是否设有其他提高乘员舒适的设备（钟表、收音机、烟灰盒、点烟器等）。

长途客车因乘员乘坐时间长，要求有更好的舒适性，一般设有半躺座椅或可调的活动座椅，座椅的布置尽可能使乘员面朝前方。

另外，大客车的发动机多采用后置式，有利于隔绝噪声和方便维修。车身多采用承载式结构、空气悬架，以减小振动和噪声。市内公共汽车因需经常起步、加速和换挡，传动系统多采用自动变速器，以实现自动换挡和无级变速，减轻驾驶员的疲劳和改善发动机功率的利用。

总之，影响汽车行驶平顺性的因素很多，必须对各种结构参数进行综合分析，正确选择以提高汽车的行驶平顺性。

第二节　汽车悬架装置检测方法

悬架装置是保证汽车行驶平顺性良好的重要总成，路面作用于车轮上的垂直反力（支承力），纵向反力（牵引力和制动力）和侧向反力，以及这些力所造成的力矩都通过悬架装置传递到车架（或承载式车身）上，以保证汽车的正常行驶。悬架装置的功能是缓冲由路面不平引起的振动和冲击，以保证汽车具有良好的行驶平顺性，迅速衰减车身和车桥的振动，传递作用在车轮和车身之间的各种力和力矩，保证汽车行驶时必要的安全性和操纵稳定性。

一、悬架装置性能评价指标

汽车悬架装置性能的检测方法有经验法、按压车体法和台架检测法 3 种类型。因篇幅有限，这里只介绍台架检测悬架装置性能的相关知识。目前，台架检测悬架装置性能主要使用谐振式悬架装置试验台或平板式试验台。

1. 谐振式悬架装置试验台的评价指标

由汽车理论可知，汽车悬架装置的弹性元件或减振器损坏后，会使悬架装置的角刚度减少，增加了高频非悬挂质量的振动位移，使车轮和道路的接触状态变差。车轮作用在地面上的接地力减小，大振幅的车轮振动甚至会使车轮跳离地面。因此，悬架装置有故障不仅影响汽车的行驶平顺性，还会使汽车的操纵稳定性恶化，使汽车的行驶安全性变差。

为了评价悬架装置的性能，引入了车轮与道路接触状态的新概念。车轮与道路的接触状态可以用车轮对地面的作用力来表征，这个作用力称为接地力。但是，在实际路面上汽车的各个车轮与地面的作用状况是不一样的。这是由于各车轮悬架装置的性能不一样，或承受负荷不一样，或轮胎气压不一样，或路面冲击不一样等原因造成的。如果在试验台上人为使各车轮的轮胎气压、承受的负荷和台面冲击做到一致，那么车轮与地面的作用状态主要取决于悬架装置的工作性能。因此，用被测汽车在试验台上车轮与台面接地力的大小和变化来评价汽车悬架装置的品质和性能是完全可行的。

目前，设计生产的谐振式悬架装置试验台都是通过检测车轮与道路接地力来快速评价汽车悬架性能的，其评价指标为吸收率。吸收率是指在试验台上，受检车辆的车轮在受外界激励振动过程中，产生共振时的车轮最小垂直接地力与静止状态下车轮垂直接地力的百分比值，即

$$P = \frac{F_d}{F_j} \times 100\% \tag{7-4}$$

式中　P——最小动态接地力（N）；

　　　F_d——静态接地力（N）；

　　　F_j——吸收率（%）。

汽车悬架装置性能属于汽车行驶平顺性检测项目，所以该装置一直采用行驶平顺性评价指标，是以汽车车身振动固有频率或汽车振动的加速度均方根值来评价的，这种评价方法不适宜对在用车的快速检测分析评价。另外，悬架装置的性能也影响汽车的操纵稳定性，进而直接影响汽车的安全行驶。采用吸收率来评价，不仅考虑了悬架装置对汽车行驶平顺性的影响，更主要的是考虑了对汽车操纵稳定性和行驶安全性的影响。它考察的是汽车在最差工作条件下的情况，即地面激振使悬架达到共振时，车轮与地面的接触状态。这是一个比较直观的评价指标，既能快速检测，又能综合评价汽车悬架装置的弹簧与减振器的匹配性能及品质。当然，随着汽车检测技术的发展，这种检测方法还会不断地改进和完善。

2. 平板式试验台的评价指标

平板式试验台的检测过程：车辆制动→车身振动→测量车轮动态载荷的变化→悬架装置吸收、衰减振动→得出悬架装置效率。

在对其过程的数据进行分析、计算和处理时，引出悬架装置效率这一评价参数。悬架装置效率的定义为

$$\eta = 1 - \left| \frac{G_B - G_0}{G_A - G_0} \right| \tag{7-5}$$

式中　η——悬架装置效率；

　　　G_0——各车轮处静态负荷值（kg）；

G_A——车轮处负荷变化曲线(见图7-3)上A点的绝对坐标值(kN);

G_B——车轮处负荷变化曲线(见图7-3)上B点的绝对坐标值(kN)。

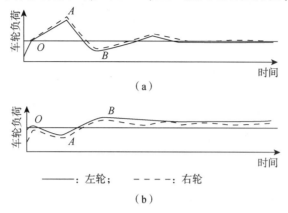

图7-3　车轮处负荷变化曲线

$\left| \dfrac{G_B - G_0}{G_A - G_0} \right|$ 表示车身有阻尼自由振动的振幅在第一个半周期内的减小程度;$1 -$
$\left| \dfrac{G_B - G_0}{G_A - G_0} \right|$ 表示车身振动阻尼衰减、吸收的程度,即反映了悬架的减振能力。

从式(7-5)可知,G_B 值越大,悬架装置的吸振性能越好。

平板式试验台检测汽车悬架装置效率时,测试过程接近路试,可以真实地反映车辆悬架装置的减振性能。而且,检测数据全部由计算机自动处理,操作方便,检测瞬间即可得出结果。因此,该试验台适合车辆检测和维修单位使用。

同样,为了防止因同轴左、右轮悬架装置效率的差异较大而引起操纵稳定性和制动稳定性恶化,需要将同轴左、右轮悬架效率差控制在一定的范围内。

二、悬架装置试验台的工作原理与检测方法

1. 谐振式悬架装置试验台

1)谐振式悬架装置试验台简介

谐振式悬架装置试验台的结构如图7-4所示。通过电动机、惯性飞轮、凸轮、激振弹簧组成的激振器,迫使汽车悬架装置产生振动,在开机数秒后断开电动机电源,惯性飞轮产生扫频激振。由于电动机的频率比车轮固有频率高,惯性飞轮逐渐减速的扫频激振过程总是可以扫到车轮固有频率处,从而使台面-汽车系统产生共振。测量此振动频率、振幅,输出振动波形曲线,利用计算机处理评价汽车悬架装置的性能。由于谐振式悬架装置试验台性能稳定、数据可靠,因此被广泛应用。

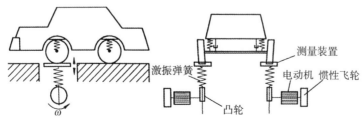

图7-4　谐振式悬架试验台的结构

汽车行驶中车轮作用在道路上接地力的变化可用于评价汽车悬架装置的性能。车轮接地性指数是指汽车行驶中车轮与路面间最小法向作用力与其法向静载荷的比值，即代表了车轮与路面间的最小相对动载。车轮接地性指数代表了悬架装置在汽车行驶中确保车轮与路面相接触的最小能力，它也解释了悬架共振时车轮接地性的优劣。

在一些欧美国家，悬架装置试验台已被广泛应用于检测汽车悬架装置工作性能。欧洲使用的悬架装置试验台主要的生产厂家有德国的 Hofmann 公司和意大利的 CEMB 公司等。他们生产的悬架试验台在检测中，台板连同其上的被检汽车按正弦规律作垂直振动，激振振幅固定而频率变化。力传感器感应到车轮作用到台板上的垂直作用力，并将力信号存入存储器。当对全车所有车轮悬架装置检测完毕后，微机对力信号进行分析和处理，得到车轮的接地性指数。

评价车轮接地性的参考标准如表 7-3 所示。表 7-3 中的指数是在悬架装置试验台台面激振振幅为 6 mm 时测得的，适用于大多数汽车，非常轻的小轿车和微型车例外。

表 7-3　评价车轮接地性的参考标准

车轮接地性指数/%	车轮接地状态	车轮接地性指数/%	车轮接地状态
80~100	很好	1~39	弱、不好
60~79	好	0	车轮与地面脱离
40~59	足够		

2）谐振式悬架装置试验台使用注意事项

（1）超出试验台额定载荷的车辆，禁止驶上试验台。

（2）不要在试验台上停放车辆和堆积杂物，严禁做空载检测。

（3）不要让肮脏的车辆直接检测，特别是轮胎和底盘部分粘有较多泥土的情况。应首先清洗车辆并待滴水较少时进行检测。

（4）雨天检测必须为车辆除水，滴水较少时才能检测。

（5）严禁试验台进水，保持传感器干燥，以保证传感器正常工作。

（6）为保证测试精度，传感器必须预热 30 min。

3）谐振式悬架装置试验台的维护

（1）使用 3 个月，拆开面板检查设备上的所有螺栓、螺母，包括电气接线端子的螺栓，检查是否有松动现象并加固。

（2）使用 6 个月，除进行第（1）项的工作外，还需对台架内各部位进行清洁，同时检查线路固定是否牢固，并对轴承座进行润滑。

（3）应按国标进行定期检定（两次检定最长间隔不得超过 12 个月）。

4）汽车悬架装置检测方法

（1）检测前的准备。

①汽车轮胎规格、气压应符合规定值。

②车辆空载，不乘人（含驾驶员）。

（2）检测方法。

①将车辆受检轴车轮驶上试验台，使轮胎位于台面的中央位置。

②启动试验台，通过激振器迫使汽车悬架产生振动，使振动频率增加大于振荡的共振频率。

③电动机转速稳定后切断电动机电源，振动频率逐渐降低，并将通过共振点。

④记录衰减振动曲线。如图 7-5 所示，纵坐标为动态载荷，横坐标为时间，测量共振时的动态载荷。通过衰减振动曲线，计算并显示共振时的最小动态车轮垂载荷与静态车轮垂载荷的百分比值及其同轴左右轮百分比的差值。

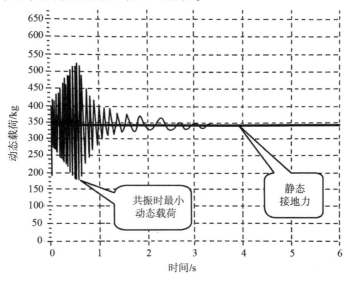

图 7-5　衰减振动曲线

2. 平板式悬架装置试验台

平板式悬架装置试验台是近年来研制出的一种制动力、轮重、侧滑、悬架效率等检测功能一体化的汽车检测设备。根据设备配置的不同，可以一次性完成轮（轴）重、车轮最大制动力、左右轮制动力平衡、制动协调时间、前后制动力分配比、整车制动减速度、车轮横向侧滑量和悬架效率等多种项目的检测。其最大特点是汽车在运动过程中进行检测，能够比较真实地反映汽车在道路上行驶时的实际性能；同时，其检测方法简便，检测时间短，具有耗电少、安装方便、费用低等优点。目前，这种平板式悬架装置试验台越来越多地被汽车检测机构采用。

平板式悬架装置试验台的结构如图 7-6 所示。它主要由机架、制动平板、轴重传感器、制动传感器、力臂、信号处理器、计算机、检测控制软件、控制柜等组成。

图 7-6　平板式悬架装置试验台的结构

用于小型车辆检测的平板式悬架装置试验台一般有4块制动平板，有的用于重型车辆检测的试验台只有两块平板，每块平板在检测时承担一个车轮的重力。在每块平板的下面，装有起支撑作用的轴重传感器，前端装有制动力传感器和力臂，还有一个信号采集、前置处理的处理器。

控制柜用来放置计算机、显示器和打印机等操作用件。检测控制软件用来引导车辆检测，采集信号数据，计算评价结果，并打印出检测报告和振动衰减曲线等。

平板式悬架装置试验台检测悬架性能时，检测过程接近路试。检测时，车辆以5～10 km/h的速度驶上平板，当4个车轮都在平板上时，驾驶员进行紧急制动，迅速将制动踏板踩到底，使车轮都停在平板面上。此时，前、后车轮处的负重情况将发生变化，主要是由制动时前、后车轮之间的负荷发生转移，及车身通过悬架在车轮上的振动而引起的。车身在加速向下时，车轮处负重增加；车身加速向上时，车轮处负重减少。

平板式悬架装置试验台在显示悬架装置性能测试结果时给出前、后车轮处的负重随时间变化的曲线（见图7-3）。从图7-3(a)中可以看出，前轮处的动态负重先从静态负重值附近（点O）上升到最大值（点A），再从最大值下降到最小值（点B）。显然，图7-3(a)中反映的是制动时前部车身先加速向下，再加速回升向上的制动"点头"现象。图7-3(b)表示前部车身向下运动时后部车身向上抬起（在减速度较大时后轮可能会离地），前部车身回升时，后部车身向下运动。因此，图7-3(b)反映了车辆制动时引起的后部车身纵向俯仰振动的现象。由于车辆的悬架系统能够衰减、吸收车身的振动，所以车身的振动经过一段时间后就会消失，如图7-3中曲线的后段部分逐渐平直并接近点O的高度（车轮处于静态负重值）。车轮处负荷变化曲线反映了车辆制动时引起的车身振动被悬架系统逐渐衰减的过程。这说明平板式悬架装置试验台是按照"车轮处动态负重的变化—车身振动—悬架衰减振动—悬架效率"这一原理测试汽车悬架装置性能的。

三、检测标准

GB 38900—2020规定，悬架特性检测不纳入该标准。因此，如果想了解汽车悬架的性能，可以按照前述悬架特性的评价指标进行检测，衡量汽车悬架的性能优劣。

四、检测结果分析

经过检测，若悬架装置不符合标准要求，主要原因如下。

1）对于非独立悬架系统

（1）钢板弹簧折断。钢板弹簧折断，尤其是第一片折断，会导致弹力不足等原因，使车身歪斜。前钢板弹簧一侧第一片折断时，车身在横向平面内歪斜；后钢板弹簧一侧第一片折断时，车身在纵向平面内歪斜。

（2）钢板弹簧弹力较小或刚度不一致。当某一侧的钢板弹簧由于疲劳所以弹力下降，或者更换的钢板弹簧与原弹簧刚度不一致时，会使车身歪斜。

（3）钢板弹簧销、衬套和吊耳磨损过甚。

（4）骑马螺栓松动或折断（或钢板弹簧第一片折断）时，会由于移位歪斜，使汽车跑偏。

2）对于独立悬架系统

独立悬架系统主要由螺旋弹簧、上下摆臂、横向稳定杆及减振器等组成。该系统的铰接点多，对于独立悬架的汽车，车轮接地性状态差的原因如下。

（1）螺旋弹簧弹力不足。

（2）稳定杆变形。

（3）上下摆臂变形。

（4）各铰接点磨损、松旷。

（5）减振器失效。

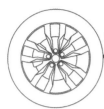

第八章
汽车通过性

汽车的通过性是指汽车能够以足够高的平均车速通过各种坏路及无路地带，以及克服各种障碍的能力，也称越野性。坏路及无路地带是指松软土壤、沙漠、雪地、沼泽等松软地面及坎坷不平地段；各种障碍是指陡坡、侧坡、台阶、壕沟等。本章介绍汽车通过性的评价参数，影响汽车通过性的主要因素及通过性几何参数的测定。

第一节 汽车通过性的评价参数

汽车通过性的评价主要取决于两方面：牵引-支承通过性与几何通过性。牵引-支承通过性代表车辆通过坏路和崎岖路面时的速度能力，其主要取决于发动机的动力及牵引力；而几何通过性则代表了车辆通过各种障碍物时的物理能力，其主要取决于车辆的设计结构，如底盘的离地间隙，悬架系统的好坏，接近角与离去角的大小等。

一、几何通过性

汽车越野行驶时，由于与不规则地面的间隙不足，可能出现汽车被托住而无法通过的现象，称为间隙失效。有以下 3 种失效形式。

（1）顶起失效：车辆中间底部的零部件碰到地面而被顶住的现象。

（2）触头失效：车辆前端触及地面而使汽车不能通过。

（3）拖尾失效：车辆后端触及地面而使汽车不能通过。

汽车通过性的几何参数是与防止间隙失效有关的、汽车本身的几何参数，如图 8-1 所示，其指标如表 8-1 所示。

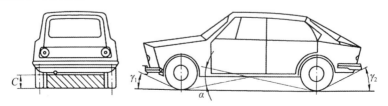

图 8-1　汽车通过性能的几何参数

表8-1　汽车通过性的几何参数指标

汽车类型	驱动形式	最小离地间隙/mm	接近角/(°)	离去角/(°)	最小转弯直径/m
轿车	4×2	120~200	20~30	15~22	14~26
	4×4	210~370	45~50	35~40	20~30
货车	4×2	250~300	25~60	25~45	16~28
	4×4、6×6	260~350	45~60	35~45	22~42
越野车(乘用)	4×4	210~370	45~60	35~45	20~30
客车	6×4、4×2	220~370	10~40	6~20	28~44

1. 最小离地间隙 C

最小离地间隙是指汽车在满载(允许最大荷载质量)的情况下,其底盘最突出部位与水平地面的距离。它表示汽车无碰撞地越过石块、树桩等低矮障碍物的能力。

汽车的前桥、飞轮壳、变速器壳、消声器及主传动器外壳等通常有较小的离地间隙。汽车前桥(轴)的离地间隙一般比飞轮壳的离地间隙更小,有利于利用前桥保护较弱的飞轮壳免受冲撞;后桥内装有直径较大的传动齿轮,一般离地间隙最小。

最小离地间隙越大,车辆通过有障碍物或凹凸不平的地面的能力越强,但重心偏高,降低了稳定性;最小离地间隙越小,车辆通过有障碍物或凹凸不平的地面的能力越弱,但重心低,可增加稳定性。

最小离地间隙需要考虑到运输时装卸平台的通过性,还需要考虑到轿车在靠近一般人行道边沿时不会发生碰擦的可能性。如果汽车限定向某个国家或地区销售,还要考虑到当地道路质量的情况。同时,最小离地间隙的数值是有一定限制的,它与车型功能、空气动力学有关。例如,跑车的最小离地间隙会比较小,而运动型多用途汽车(SUV)的最小离地间隙会比较大。

在SUV中,最小离地间隙往往决定着这辆车的通过能力。同时,由于SUV的驱动方式与轿车不同,在轿车或跑车上最小离地间隙多是指车身下部轮廓线最低点或底盘上的最低部件与地面的垂直距离,在SUV中最小离地间隙多是指地面与前桥或者后桥上最低部件的垂直距离。

汽车的离地间隙各个高度值不是静止不变的,它取决于负载状况。因此,确定离地间隙也取决于负载的变化情况,要依据负载变化的最大值去考虑离地间隙。

2. 接近角 γ_1 和离去角 γ_2

接近角是指在汽车满载静止时,从汽车前端突出点向前轮引切线,该切线与路面的夹角,即水平面与切于前轮轮胎外缘(静载)的平面之间的最大夹角。前轴前面任何固定在车辆上的刚性部件不得在此平面的下方。

离去角是指汽车满载、静止时,从汽车后端突出点向后轮引切线,该切线与路面的夹角,即水平面与切于后轮轮胎外缘(静载)的平面之间的最大夹角。位于后轮后面的任何固定在车辆上的刚性部件不得在此平面的下方。它表征了汽车接近或离开障碍物(如地面凸起物、沟洼地等)时,不发生碰撞的能力。

接近角和离去角越大,则汽车通过性越好。相对于接近角用在爬坡时,离去角则用在下坡时。车辆一路下坡,当前轮已经行驶到平地上,后轮还在坡道上时,后保险杠会不会卡在坡道上，关键在于离去角。离去角越大，车辆就可以由越陡的坡道上顺利驶下，而不用担心后保险杠卡住动弹不得。

3. 纵向通过角 α

纵向通过角是指在汽车空载、静止时，分别通过前后车轮外缘作切线交于车体下部较低部位所形成的最小锐角。它表征汽车可无碰撞地通过小丘、拱桥等障碍物的轮廓尺寸。纵向通过角越大，汽车通过性越好。汽车在通过起伏不平的路面、拱桥或渡船时，有时地面的凸起物会将汽车的底部托住，使汽车不能通过，这表明汽车的纵向通过性能不好。

4. 最小转弯半径 R_H

最小转弯半径是指当方向盘转到极限位置，汽车以最低稳定车速转向行驶时，外侧转向轮的中心平面在支承平面上滚过的轨迹圆半径，如图 8-2 所示。它在很大程度上表征了汽车能够通过狭窄弯曲地带或绕过不可越过的障碍物的能力。转弯半径越小，汽车的机动性能越好。

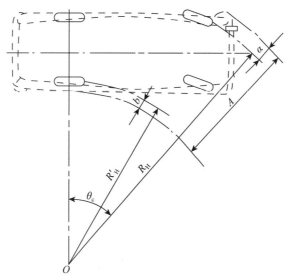

图 8-2　汽车的机动性评价参数

最小转弯半径由公式计算，即轴距/前外转向轮最大摆转角的正弦值。最小转弯半径与轴距成正比，与前外转向轮最大摆转角成反比。减小最小转弯半径有两个途径：一是缩短轴距，二是增加前外转向轮最大摆转角度。

内轮差是转向轴和后轴的内轮印迹中心在车辆支承平面上的轨迹圆之差。

GB 7258—2017《机动车运行安全技术条件》规定，机动车辆的最小转弯直径，以前外轮轨迹中心为基线，测量其值不得大于 24 m。当转弯直径为 24 m 时，前转向轴和后轴的内轮差（以两内轮轨迹中心计）不得大于 3.5 m。

二、牵引-支承通过性

1. 附着质量和附着质量系数

附着质量是指轮式车辆驱动轴载质量 m_μ，其与总质量 m_a 之比，称为附着质量系数 K_μ。K_μ 值大，有利于汽车在坏路面上行驶，丧失通过性的可能性变小。

2. 车轮接地比压

车轮接地比压是指车轮对地面的单位压力。车辆在松软地面上行驶的滚动阻力系数和附着系数都与车轮接地比压直接相关。车轮接地比压越小，轮辙深度越小，车轮的行驶阻力和车轮沉陷失效的概率越小。同样，当汽车行驶在黏性土壤和松软雪地上时，降低车轮接地比压可使车轮接地面积增加，提高地面承受的剪切力，使车轮不易打滑。

车轮接地比压 p 与轮胎气压 p_w 有关，车轮在硬路面上承受额定载荷时，其关系式为

$$p = K_w p_w \tag{8-1}$$

式中 $K_w = 1.05 \sim 1.2$，其大小取决于轮胎刚度的大小，且帘布层多的轮胎 K_w 值较大。

第二节 影响汽车通过性的主要因素

一、汽车的最大单位驱动力

由于汽车越野行驶的阻力很大，为了充分利用地面提供的挂钩牵引力，保证汽车通过性，除了减少行驶阻力，还必须增加汽车的最大单位驱动力。汽车的最大单位驱动力为

$$\frac{F_{tmax}}{G} = \frac{M_t i_g i_0 i_r \eta_t}{G} \tag{8-2}$$

式中 i_r ——分动器传动比；

其他参数含义同式(2-3)。

实际上，在汽车低速行驶时，若忽略空气阻力，最大单位驱动力等于最大动力因数。为了获得足够大的单位驱动力，要求越野汽车有较大的比功率以及较大的传动比。这些要求可通过提高发动机功率，在传动系中增加副变速器或使分动器具有低挡，以增加传动系的总传动比来实现。在困难的行驶条件下，限制越野汽车的额定载质量能够提高单位驱动力，同时也能降低在松软地面上的滚动阻力。

二、行驶速度

当汽车低速行驶时，土壤剪切和车轮滑转的倾向减少。因此，用低速行驶克服困难地段，可改善汽车的通过性。为此，越野汽车传动系最大总传动比一般较大。越野汽车最低稳定车速如表8-2所示，其值根据汽车总质量而定。也可由发动机的最低稳定转速求得汽车的最低稳定行驶速度 v_{amin}，即

$$v_{amin} = 0.377 \frac{n_{emin} r}{i_g i_0 i_r} \tag{8-3}$$

式中 n_{emin} ——发动机的最低稳定转速(r/min)；

r ——车轮半径(m)。

表8-2 越野汽车最低稳定车速

汽车总质量/kN	<19.6	<63.7	<78.4	>78.4
最低稳定车速/(km·h⁻¹)	≤5	≤2~3	≤1.5~2.5	≤0.5~1

三、轮胎

轮胎对汽车通过性有着决定性的影响，为了提高汽车的通过性，必须正确选择轮胎的

花纹尺寸、结构参数、气压等，使汽车行驶滚动阻力较小，附着能力较强。

1. 轮胎花纹

轮胎花纹对附着系数有很大影响。正确地选择轮胎花纹，对提高汽车在一定类型地面上的通过性有很大作用。越野汽车的轮胎具有宽而深的花纹。当汽车在湿路面上行驶时，由于只有花纹的凸起部分与地面接触，因此轮胎对地面有较高的单位压力，足以挤出水层。汽车在松软地面上行驶时，轮胎下陷而嵌入土壤的花纹凸起数目增加，与地面接触面积及土壤剪切面积都迅速增加，因而能保证具有较好的附着性能。越野轮胎花纹的形状应具有脱掉自身泥泞的性能。

在表面滑溜泥泞而底层坚实的道路上，提高通过性的最简单办法是在轮胎套上防滑链（或使用带防滑钉的轮胎），它相当于在轮胎上增加了一层高而稀的花纹。防滑链能挤出表面的水层，直接与地面坚硬部分接触，有的还会增加土壤剪切面积，从而提高附着能力。

2. 轮胎直径与宽度

增大轮胎直径和宽度都能降低轮胎的接地比压。用增加车轮直径的方法来减小接地比压，增加接触面积以减少土壤阻力和减少滑转，要比增加车轮宽度更为有效。但是，增大轮胎直径会使惯性增大，汽车质心升高，制造成本增加，并需要采用大传动比的传动系。因此，大直径轮胎的推广使用受到了限制。

加大轮胎宽度不仅直接降低了轮胎的接地面比压，而且因轮胎较宽，允许胎体有较大的变形，而不降低其使用寿命，故可使轮胎气压取得低些。若将后轮的双胎换为一个断面比普通轮胎大 2~2.5 倍、气压很低（29.4~83.3 kPa）、断面具有拱形的轮胎时，接地面积将增大 1.5~3 倍以上，则可大幅度地减小接地比压，使汽车在沙漠、雪地、沼泽地面上行驶时，具有特别良好的通过性。但是，这种专用于松软地面的特种轮胎花纹较大，气压较低，不宜在硬路面上行驶，否则将过早损坏和迅速磨损。

3. 轮胎气压

在松软地面上行驶的汽车，应相应降低轮胎气压，以增大轮胎与地面的接触面积，降低接地比压，从而减小轮胎在松软地面的沉陷量及滚动阻力，提高土壤推力。轮胎气压降低时，虽然土壤的压实阻力减小，但却使轮胎本身的迟滞损失增加，因此在一定的地面上有一个最小地面阻力的轮胎气压。此时，地面阻力虽稍有增加，但由于在潮湿地面上，其附着系数将有较大的提高，从而可改善汽车的通过性。

为了提高越野汽车通过松软地面的能力，而在硬路面上行驶时又不致引起大的滚动阻力和影响轮胎寿命，可装用轮胎中央充气系统，使驾驶员能根据道路情况，随时调节轮胎气压。通常，越野汽车的超低压轮胎气压可以在 49~343 kPa 范围内变化。

在低压条件下工作的超低压轮胎，其帘布层数较少，且具有薄而坚固，又富有弹性的胎体，以减少由变形引起的迟滞损失，并保证其使用寿命。

四、前轮距与后轮距

当汽车在松软地面上行驶时，各车轮都需克服形成轮辙的阻力（滚动阻力）。如果汽车前轮距与后轮距相等，并有相同的轮胎宽度，则前轮辙与后轮辙重合，后轮就可沿被前轮压实的轮辙行驶，使汽车总滚动阻力减小，提高汽车的通过性。因此，多数越野汽车的前轮距与后轮距相等。

五、从动车轮和驱动车轮

在越野行驶中，常以很低的车速去克服某些障碍物，如台阶、壕沟等。前轮驱动汽车上坡的通过性最差，四轮驱动汽车爬坡能力最强。此外，增加汽车驱动轮数，还可提高汽车附着质量，增加驱动轮与松软地面的接触面积，是改善汽车通过性的最有效方法。因此，越野汽车都采用四轮驱动。

六、液力传动

当汽车装有液力变矩器或液力偶合器时，能提高发动机工作的稳定性，使汽车可以长时间稳定地以低速（0.5~1.5 km/h）行驶，从而减小滚动阻力和提高附着力，改善汽车通过性。装有普通机械式传动系统的汽车在突然起动时，驱动轮转矩急剧上升，并产生对土壤起破坏作用的振动。即使在缓慢起步时，驱动转矩也比滚动阻力矩大得多。在松软地面上起步时，这种过大的驱动转矩并不能使汽车得到较大的加速度，相反地却使土壤被破坏，轮辙加深，起步困难。而液力传动能保证驱动轮转矩逐渐而平顺地增长，从而防止土壤被破坏和车轮滑移。

液力传动还能消除机械式传动系统经常发生的扭振现象。这种扭振现象会引起驱动力产生周期性冲击，减少土壤颗粒间的摩擦，增加轮辙深度，并减少轮胎与土壤间的附着力，使车轮滑转的可能性大为增加。转矩脉动所引起的土壤内摩擦力的减小，还会使汽车前轮所造成的轮辙立即展平，使后轮滚动阻力增加。

装有普通机械传动系统的汽车，在松软地面行驶时，由于车速低，汽车惯性不足以克服较大的行驶阻力，致使换挡时，因切断功率而停车。采用液力传动即可消除因换挡所引起的功率传递间断现象，使汽车通过性有显著提高。

七、差速器

为了保证各驱动轮能以不同的角度旋转，在传动系统中装有差速器。但是，普通齿轮差速器由于具有使驱动轮之间转矩平均分配的特性，当某一侧驱动轮陷入泥泞或冰雪路面上时，得到较小的附着力，则与之对应的另一侧驱动轮也只能以同样小的附着力限制其驱动力。为了避免这种情况的发生，某些越野汽车上装有差速锁，以便必要时能锁止差速器。此时，汽车可能得到的驱动力为处于良好路面上的轮胎所得到的地面附着力。

但是，在实际道路条件下，各驱动轮上的附着力差别很小，汽车总驱动力的增加一般不超过20%~25%。而且长时间使用差速锁会使半轴过载引起功率循环，而当驱动轮滑转导致停车后，再挂差速锁起步，有时会因滑转处土壤表面已被破坏或因全部转矩突然传至另一驱动轮引起土壤破坏而失去效果。

差速器的内摩擦能使左右车轮传递的转矩不等。假设传给差速器的转矩为 M，差速器的内摩擦力矩为 M_r，则旋转较慢和较快的驱动车轮上的转矩分别为

$$M_1 = (M + M_r)/2 \tag{8-4}$$
$$M_2 = (M - M_r)/2 \tag{8-5}$$

这样，如果一个驱动车轮由于附着力不足而开始滑转，因其转速加快，则传给它的转矩会减小到 M_2，可能停止滑转，而另一车轮的转矩增大到 M_1。结果在两个驱动车轮上的总驱动力可能达到最大数值。

由此可见，差速器的内摩擦使汽车的总驱动力增加了 M_r/r。由于普通齿轮差速器的内摩擦不大，实际上驱动力仅提高 4%~6%。为了增加差速器的内摩擦，越野汽车常采用高摩擦式差速器，如凸轮式或蜗杆式差速器等。这时，总驱动力可增加 10%~15%，从而提高汽车通过性。

八、悬架

6×6 型和 8×8 型多轴驱动的越野汽车在异常坎坷不平的地面上行驶时，常会因独立悬架的结构引起某驱动轮的垂直载荷大幅度减小，乃至出现离开地面而悬空的现象，使驱动轮失去与地面的附着而影响通过性。独立悬架和平衡式悬架允许车轮与车架间有较大的相对位移，使驱动轮与地面经常保持接触，以保证有较好的附着性能。同时，独立悬架可显著地提高汽车的最小离地间隙，从而提高汽车的通过性。

九、拖带挂车

汽车拖带挂车后，由于总质量增加，动力性将有所降低，即汽车列车的最大动力因数将比单车的最大动力因数小。因而，汽车列车的通过性也随之变得差些。

为了保证汽车列车有足够高的通过性，对经常拖带挂车工作的汽车，应该有较大的动力因数。增大传动系统的总传动比可以增大动力因数，但与此同时，汽车的最大行驶速度将会降低。增大发动机功率也会增大动力因数，但汽车在一般道路上行驶时，功率利用率低，将使汽车燃油经济性变差。

汽车拖带挂车后的相对附着重力随之减少。在汽车列车总重力相同的条件下，因为半挂车的部分质量作用在牵引车上，则拖带半挂车时的相对附着质量比拖带全挂车时的大，因而半挂车汽车列车的通过性较好。

将汽车列车做成全轮驱动是提高相对附着质量的最有效方法。这可通过在挂车上也装上动力装置(动力挂车)，或将牵引车的动力通过传动轴或液压管路传输到挂车的车轮上(驱动力挂车)来实现。

全轮驱动汽车列车的通过性较高，这不仅因其相对附着质量大，同时，由于道路上各点的附着系数一般是不同的(如道路上有积水小坑)，驱动车轮数目增多后，各驱动车轮均遇到附着系数小的支承面的可能性大为减小，因而对汽车列车的通过性有利。此外，与相同质量的重型载货汽车相比，全轮驱动汽车列车的车轮数一般较多，因而车轮对地面的比压较小。另外，还可以使各轴轮距相等，以减少滚动阻力，提高通过性。

设计汽车列车时，应使挂车车轮轨迹在转弯时与牵引车后轮轨迹重合。这不仅可减小汽车列车的转弯宽度，提高机动性，同时也可减少汽车列车在松软地面上转弯时的滚动阻力，而提高其通过性。

十、驱动防滑控制系统

汽车在泥泞道路或冰雪路面行驶时，因路面的附着系数小，常会出现驱动轮滑转现象。当驱动轮滑转时，产生的驱动力很小。特别是驱动轮原地空转时，驱动力接近零。例如，驱动轮陷入泥坑时，汽车不能前进。汽车的驱动轮一侧或两侧滑转后，汽车的总驱动力不足以克服行驶阻力，使汽车通过坏路的行驶能力受到限制。汽车驱动轮滑转，限制了汽车动力性的发挥，增加了轮胎的磨损，降低了轮胎的使用寿命，并使汽车抗侧向力的能力下降，当遇到侧风或横向斜坡时，容易发生侧滑，影响汽车行驶的横向稳定性。

驱动防滑控制（Acceleration Slip Regulation，ASR）系统可以自动调节发动机转矩到驱动轮的驱动力，使驾驶员的工作强度得以减小，稳定性和操纵性得到安全的调节，驱动力的发挥得以改善。ASR系统保持驱动轮处于最佳滑转范围内的控制方式有以下几种：发动机输出转矩控制、驱动轮制动控制及二者综合控制。这些控制方式的目的都是调节驱动轮上的驱动力矩。

1. 发动机输出转矩控制

如果驱动过程中左、右驱动轮同时滑转，ASR系统可从前、后车轮速度传感器传来的转速差极大的信息中，判断出左、右车轮均在空转。于是，对发动机控制阀（油门）发出指令，通过发动机控制直接操纵发动机供油量控制杆，相应降低其输出转矩，使得驱动轮的转速降低，直到驱动轮停止滑转。

2. 驱动轮制动控制

汽车行驶中若出现一侧驱动轮滑转超过规定值，控制系统向差速器制动阀和制动压力调节器发出控制指令，对滑转的驱动轮施加制动，使其减速，当减速至规定值后，停止对其控制。若又开始滑转，则重复上述循环过程。整个过程中，一方面对滑转的驱动轮施加制动，另一方面又对另一侧无滑转驱动轮施加正常驱动力，其效果相当于差速锁的作用，车辆在滑路上的方向稳定性和起步能力均可得到改善。

3. 发动机输出转矩和驱动轮制动综合控制

当汽车在滑路转弯行驶时，如果驱动力过大，会引起驱动轮空转，使车辆在离心力的作用下甩尾侧滑。遇到这类情况，ASR系统会自动控制驱动轮制动和调节发动机输出转矩，使二者同时或单独工作，保证汽车稳定行驶。

另外，在驱动轮滑转时，ASR系统自动向驾驶员发出警报（警告灯），提示不要猛踩加速踏板，并注意方向盘的操纵。

十一、驾驶方法

汽车在通过沙地、泥泞、雪地等松软地面时，应该用低速挡，以保证车辆有较大的驱动力和较低的行驶速度。在行驶中应避免换挡和加速，并保持直线行驶，因为转弯时将引起前后轮辙不重合，而增加滚动阻力。

后轮双胎的汽车，常会在两胎间夹杂泥石，或使车轮表面黏附一层很厚的泥，因而使附着系数降低，增加车轮滑转趋势。遇到这种情况，驾驶员可以适当提高车速，将车轮上的泥甩掉。

当汽车传动系统装有差速锁时，驾驶员应该在有可能使车轮滑转的地区前就将差速锁锁住。因为车轮一旦滑移，土壤表面就会被破坏，附着系数下降，再锁住差速锁不会起显著作用。当汽车离开坏路地段后，驾驶员应将差速锁脱开，避免由于功率循环现象使发动机、传动系统和轮胎磨损增加，燃油经济性和动力性变差，以及通过性降低等。

此外，为了提高越野汽车的涉水能力，应注意发动机的分电器总成、火花塞、曲轴箱通气口等的密封问题，并提高空气滤清器的位置，不得浸入水中。普通汽车一般能通过深度为 0.5~0.6 m 的硬底浅水滩。

第三节　汽车通过性能几何参数的测定

一、测定几何参数的场地及仪器

图8-3所示为汽车三维坐标测量仪，用于测量汽车的几何尺寸参数。通过检测可得到以下参数。

（1）水平尺寸：汽车轴距、轮距、总长、总宽、前悬、后悬等。

（2）高度尺寸：汽车总高、静力半径、最小离地间隙等。

（3）角度尺寸：接近角、离去角等。

图8-3　汽车三维坐标测量仪

二、几何参数的测定

以瑞虎3/1.8 L测试为例，如图8-4所示。这是一款比较典型的城市化SUV，从车辆的发动机性能来看，瑞虎3采用了性能卓著的ACTECO/1.8L发动机，在转速达到4 200 r/min左右时即可以提供170 N·m的最大转矩，并且具备97 kW的最大功率（5 700 r/min）。从动力性能方面来看，瑞虎3可以轻松地应对城市、郊区的路况，满足车主出行、旅游时的各种需求。

图8-4　瑞虎3

接近角和离去角是衡量车辆几何通过性好坏的关键因素。在几何通过性方面，可以通过实际的测量来观察：瑞虎 3 的接近角和离去角分别为 28°和 29°（γ_1 与 γ_2），与传统越野型 SUV 很接近。传统轿车的接近角和离去角一般在 25°左右。

同样，纵向通过角也是衡量车辆几何通过性的重要指标。瑞虎 3 采用紧凑型车身设计，车身轴距较短（2 510 mm），这使它的纵向通过角度更大。经实际测量，瑞虎 3 的纵向通过角达到了 33.6°。与之相比，传统轿车的纵向通过角只有 30°。

最小离地间隙指的是车辆在满载静止的情况下，地面与汽车上的中间区域最低点的距离。最小离地间隙直接反映了汽车无碰撞通过有障碍物或凹凸不平的地面的能力。瑞虎 3 的最小离地间隙达到 190 mm，比传统轿车高出了 75 mm 左右，与传统越野型 SUV 相差无几，这为车辆在野外行驶时提供了良好的保障。

通过上述实际测试和比较可知，瑞虎 3 在底盘与车身设计上最大限度地保留了传统 SUV 的越野性能，通过性要明显高于传统轿车，甚至不输给传统越野车型。

参 考 文 献

[1]方锡邦. 汽车检测技术与设备[M]. 3 版. 北京：人民交通出版社，2012.

[2]李婕. 汽车检测技术[M]. 2 版. 北京：机械工业出版社，2013.

[3]何耀华. 汽车试验技术[M]. 2 版. 北京：机械工业出版社，2019.

[4]高谋荣，曹家喆. 汽车性能检测技术[M]. 2 版. 北京：机械工业出版社，2015.

[5]仇雅莉. 汽车性能与检测技术[M]. 北京：机械工业出版社，2014.

[6]吴兴敏，惠有利. 汽车整车性能检测 [M]. 2 版. 北京：机械工业出版社，2015.

[7]许建军，贾会，尚梦帆，等. 我国烟度计测量技术进展[J]. 中国新技术新产品，2020
（2）：62-63.

[8]董淼. 某国六柴油机 NO_x 排放测试分析[J]. 内燃机与动力装置，2019(36)：16-20.

[9]纪晓静，焦运景. 降低柴油机 NO_x 排放的控制技术研究[J]. 柴油机设计与制造，2015
（2）：8-11，56.

[10]刘波. 电控柴油机 SCR 系统故障诊断策略[J]. 汽车维护与修理，2020(1)：73-74.